RENAISSANCE

L'Art de la Résilience face à l'Adversité

Viktor Dweck

Table des Matières

Introduction

Pourquoi la résilience est-elle importante aujourd'hui ?

Il est difficile de lire un journal, de regarder les informations, ou même de naviguer sur les réseaux sociaux sans être confronté à des histoires de défis et de difficultés. Qu'il s'agisse de défis mondiaux tels que le changement climatique et les inégalités sociales, ou de défis personnels tels que la perte d'un emploi ou la maladie d'un proche, l'adversité semble être une caractéristique omniprésente de notre existence.

C'est précisément là que réside l'importance de la résilience. En termes simples, la résilience est notre capacité à rebondir face à l'adversité, à persévérer malgré les obstacles et à s'adapter aux changements. Elle est l'écho de notre force intérieure qui nous permet de traverser les tempêtes de la vie et de nous en sortir non seulement indemnes, mais souvent plus forts et plus sages.

Aujourd'hui, plus que jamais, la résilience est un trait indispensable. Dans un monde de plus en plus complexe et incertain, la capacité à rester fort, à s'adapter et à persévérer malgré les défis est un atout précieux. La résilience est ce qui nous permet de surmonter les échecs et de continuer à avancer, de faire face à la perte et de trouver un moyen de guérir, de faire face au stress et de trouver la paix au milieu du chaos.

La résilience n'est pas seulement bénéfique à l'échelle individuelle. Elle est également cruciale pour nos communautés et notre société dans son ensemble. Une société résiliente est une société qui peut résister aux chocs et aux stress, qu'il s'agisse de catastrophes naturelles, de crises économiques ou de conflits sociaux. Elle est capable de se réinventer, de s'adapter et de prospérer malgré ces défis.

Mais la résilience ne doit pas être vue comme une qualité innée que certains ont et d'autres n'ont pas. Au contraire, la résilience est une compétence que nous pouvons tous développer et renforcer. Elle peut être cultivée grâce à des stratégies et des pratiques spécifiques, et elle peut être renforcée par le soutien de notre communauté et de nos proches.

Dans ce livre, nous explorerons en profondeur le concept de résilience. Nous examinerons pourquoi elle est si importante dans notre monde actuel, comment elle se manifeste dans différentes situations, et comment nous pouvons tous travailler à renforcer notre résilience personnelle. Nous examinerons également comment la résilience peut conduire au succès, tant sur le plan personnel que professionnel, et comment elle peut nous aider à construire un avenir plus fort et plus durable.

La résilience est plus qu'un simple mot à la mode ou une tendance passagère. C'est une qualité fondamentale qui peut nous aider à naviguer dans les eaux tumultueuses de la vie moderne. En cultivant notre résilience, nous pouvons non seulement survivre aux défis de la vie, mais aussi prospérer malgré eux. Nous pouvons transformer l'adversité en opportunité, et le stress en force. Nous pouvons construire une vie et un monde meilleurs, non pas en évitant les difficultés, mais en apprenant à les surmonter avec grâce et courage.

La résilience nous invite à embrasser le changement plutôt qu'à le craindre. Elle nous encourage à reconnaître que l'incertitude fait partie intégrante de la vie et à trouver des moyens de nous adapter et de nous épanouir malgré elle. Dans un monde en constante évolution, la résilience peut être notre ancre, nous permettant de rester centrés et engagés même lorsque tout autour de nous semble être en mouvement.

En outre, la résilience peut être une source de créativité et d'innovation. Face à l'adversité, nous sommes souvent poussés à penser de manière plus critique et plus créative, à trouver de nouvelles solutions à des problèmes anciens, à nous adapter et à évoluer de manière à mieux répondre aux défis qui se présentent à nous. Par conséquent, la résilience peut être un catalyseur de croissance et de transformation, nous permettant de voir les défis non pas comme des obstacles, mais comme des opportunités.

La résilience nous apprend également l'importance de la persévérance et de la détermination. Elle nous montre que même lorsque les choses semblent sombres, il y a toujours une lueur d'espoir, toujours une possibilité de rebondir et de se rétablir. Elle nous rappelle que même si nous sommes abattus, nous ne sommes pas vaincus, et que notre potentiel ne se définit pas par nos échecs, mais par notre capacité à nous relever et à continuer d'avancer.

Enfin, la résilience nous rappelle l'importance de l'interconnexion et de la communauté. Elle nous montre que nous ne sommes pas seuls face à nos défis, que nous faisons partie d'un réseau plus large de soutien et de soins. Elle nous invite à nous appuyer sur les autres en période de besoin, à partager nos expériences et nos luttes, et à trouver du réconfort et de la force dans notre communauté.

En somme, la résilience n'est pas seulement une compétence ou un trait de caractère. C'est une philosophie de vie, un engagement envers le courage, l'adaptabilité et la persévérance face à l'adversité. C'est une reconnaissance de notre force intérieure et de notre capacité à surmonter les défis. C'est une affirmation de notre humanité, de notre capacité à guérir, à grandir et à nous épanouir, quelles que soient les circonstances.

Alors que nous entamons ce voyage pour explorer et comprendre la résilience, j'espère que vous trouverez des idées et des stratégies qui vous aideront à renforcer votre propre résilience. Que vous soyez confronté à des défis personnels, professionnels ou mondiaux, j'espère que ce livre vous fournira les outils et l'inspiration nécessaires pour surmonter l'adversité et construire une vie et un monde résilients. Car, après tout, la résilience n'est pas seulement une compétence à acquérir, c'est une façon de vivre, une façon d'être, et un cadeau à partager avec le monde.

Récit inspirant sur la résilience

Permettez-moi de partager avec vous l'histoire de Maya. Une histoire qui incarne la puissance de la résilience face à l'adversité et qui, je l'espère, servira d'inspiration pour nous tous.

Maya est née dans une petite ville rurale, dans une famille aux ressources limitées. Son enfance fut marquée par des difficultés financières, des privations et des défis. Maya avait de grandes ambitions et rêvait de faire des études supérieures, mais les circonstances semblaient se liguer contre elle.

À l'âge de 16 ans, Maya a perdu son père. Cette perte a été un coup dévastateur pour elle et sa famille. Elle a dû commencer à travailler pour aider à subvenir aux besoins de sa famille tout en poursuivant ses études. Les journées étaient longues et épuisantes, remplies de travail manuel dans la journée et d'études tard dans la nuit.

Mais au lieu de céder à la désolation et au désespoir, Maya a choisi de puiser dans une source de force intérieure qu'elle ne savait même pas qu'elle possédait. Elle a choisi de voir ces défis non pas comme des obstacles insurmontables, mais comme des occasions d'apprendre, de grandir et de devenir plus forte.

Malgré les circonstances, Maya a réussi à terminer ses études secondaires avec des notes exceptionnelles. Elle a postulé et a été acceptée dans une université prestigieuse grâce à une bourse d'études complète. Son parcours universitaire n'a pas été facile non plus. Elle a dû jongler entre les études, les emplois à temps partiel et les responsabilités familiales. Mais elle n'a jamais abandonné.

Maya a finalement obtenu son diplôme avec mention et a décroché un emploi dans une entreprise internationale. Elle a gravi les échelons et est devenue une leader respectée dans son domaine. Mais plus important encore, elle est devenue une source d'inspiration pour d'autres jeunes filles de sa communauté, leur montrant que malgré les défis, avec la résilience et la détermination, on peut réaliser ses rêves.

L'histoire de Maya est un témoignage puissant de la force de la résilience. Elle nous rappelle que, peu importe les défis que nous rencontrons, nous avons en nous la capacité de surmonter l'adversité. Elle nous rappelle que, avec la résilience, nous pouvons transformer nos défis en opportunités, nos échecs en leçons et nos rêves en réalité.

Maya n'est pas une super-héroïne. Elle est une personne ordinaire qui a fait face à des défis extraordinaires et qui a choisi de répondre avec courage, détermination et résilience. Son histoire nous rappelle que nous avons tous en nous la capacité d'être résilients, de rebondir face à l'adversité et de réaliser nos aspirations, quelles qu'elles soient.

Alors que nous continuons notre exploration de la résilience, gardons à l'esprit l'histoire de Maya. Puissions-nous trouver en nous la même force, le même courage et la même résilience qu'elle a démontrés face à l'adversité. Puissions-nous apprendre de son exemple et nous inspirer de sa détermination inébranlable.

La résilience de Maya n'était pas quelque chose qu'elle possédait dès le départ. Elle l'a cultivée au fil du temps, grâce à chaque défi qu'elle a rencontré et surmonté. Elle a appris à voir chaque obstacle non pas comme une fin en soi, mais comme un moyen de se renforcer et de se développer. Elle a appris à embrasser le changement et à s'adapter à de nouvelles situations, et elle a découvert que, malgré les échecs et les revers, elle avait en elle la capacité de rebondir et de continuer à avancer.

Mais l'histoire de Maya ne se termine pas là. En fait, elle ne fait que commencer. La résilience n'est pas une destination, mais un voyage. C'est un processus continu de croissance, d'adaptation et de transformation. Et Maya continue d'apprendre, de grandir et de se renforcer chaque jour.

Aujourd'hui, Maya est une force de changement dans sa communauté. Elle utilise son expérience pour inspirer et soutenir d'autres personnes confrontées à des défis similaires. Elle est devenue un modèle de résilience et un témoignage vivant du fait que, avec de la détermination, du courage et de la résilience, nous pouvons tous surmonter l'adversité et réaliser nos rêves.

L'histoire de Maya est une illustration puissante de la résilience en action. Elle nous montre que la résilience est plus qu'une simple capacité à surmonter l'adversité. C'est une philosophie de vie, une façon de voir le monde et de se positionner face à l'incertitude et au changement. C'est une qualité qui nous permet de transformer les défis en opportunités et les échecs en succès.

Je vous invite à garder à l'esprit l'histoire de Maya alors que nous continuons à explorer la résilience. Quels défis rencontrez-vous dans votre vie ? Comment pouvez-vous cultiver la résilience pour y faire face ? Comment pouvez-vous transformer vos défis en opportunités de croissance et de transformation ? Que votre propre voyage de résilience commence ici et maintenant. Car, comme Maya, nous avons tous en nous la capacité de surmonter l'adversité, de rebondir face aux défis et de construire une vie de force, de courage et de résilience.

Chapitre 1

Qu'est-ce que la Résilience ?

Définition et exploration de la résilience

La résilience est un mot qui évoque une multitude d'images : un roseau se courbant sous le vent mais ne se brisant pas, un boxeur se relevant après un coup dur, une fleur poussant à travers une fissure dans le béton. Mais que signifie réellement ce terme, et comment se manifeste-t-il dans nos vies ? Commençons par explorer la définition de la résilience.

La résilience, dans son sens le plus fondamental, désigne la capacité à se remettre des difficultés, à rebondir après un revers et à s'adapter à l'adversité. Elle vient du mot latin "resilire", qui signifie "revenir en arrière" ou "rebondir". Dans le contexte de la psychologie, la résilience est la capacité à naviguer et à s'adapter aux défis de la vie, tout en maintenant ou retrouvant son bien-être.

Mais la résilience est plus qu'une simple capacité à surmonter les difficultés. C'est un processus dynamique et complexe qui implique une interaction constante entre l'individu et son environnement. C'est un voyage de transformation où l'on apprend, grandit et se renforce à travers les défis rencontrés.

La résilience n'est pas une caractéristique innée ou fixe, mais plutôt une compétence que nous pouvons tous développer et renforcer avec le temps. Elle n'est pas non plus une question de "résistance" ou de "ténacité" en soi, mais plutôt de flexibilité, d'adaptabilité et de croissance.

La résilience peut se manifester de différentes manières dans nos vies. Elle peut se voir dans notre capacité à maintenir notre équilibre émotionnel face à un stress ou une adversité, dans notre capacité à apprendre de nos erreurs et à voir les échecs comme des opportunités de croissance, dans notre capacité à maintenir des relations positives et à chercher du soutien lorsque nous en avons besoin, et dans notre capacité à trouver un sens et un but dans les défis que nous rencontrons.

La résilience est également liée à un certain nombre de facteurs, tels que notre environnement, notre histoire personnelle, nos ressources internes et externes, et notre perception de nous-mêmes et du monde qui nous entoure. Elle est influencée par notre capacité à gérer nos émotions, à penser de manière flexible et créative, à établir des relations saines et à chercher un soutien, et à prendre soin de notre bien-être physique et mental.

Il est important de noter que la résilience n'est pas une question de "passer outre" ou d'ignorer les difficultés. Au contraire, elle implique de reconnaître et d'accepter les défis, tout en trouvant des moyens de les gérer et de s'y adapter de manière saine et constructive. Elle ne signifie pas non plus que nous ne ressentirons pas de douleur, de tristesse ou de stress en période de difficulté. Mais elle peut nous aider à traverser ces expériences difficiles et à en sortir plus forts et plus sages.

En somme, la résilience est une compétence essentielle qui nous aide à naviguer dans les eaux parfois tumultueuses de la vie. Elle est à la fois une ancre qui nous maintient centrés face à l'adversité et un voilier qui nous permet d'avancer et de nous adapter au changement. Elle est notre bouclier face aux tempêtes et notre boussole pour trouver notre chemin à travers l'obscurité.

La résilience est également un processus d'apprentissage et de croissance continus. À chaque défi que nous rencontrons, à chaque échec que nous surmontons, à chaque peine que nous traversons, nous avons l'occasion de renforcer notre résilience. Nous avons l'occasion d'apprendre de nouvelles compétences, de découvrir de nouvelles ressources en nous et autour de nous, et de développer une plus grande sagesse et une plus grande force intérieure.

Il est également important de noter que la résilience n'est pas une destination, mais un voyage. C'est un processus dynamique qui évolue tout au long de notre vie. Notre résilience peut être mise à l'épreuve et renforcée à différentes étapes de notre vie, et elle peut se manifester de différentes manières à différents moments. Elle est aussi unique que nous le sommes, façonnée par notre histoire personnelle, notre environnement, nos expériences et nos perceptions.

Enfin, la résilience est une force qui réside en chacun de nous. Elle n'est pas réservée à quelques personnes exceptionnellement fortes ou courageuses. Nous avons tous la capacité de développer et de renforcer notre résilience. Et ce voyage vers une plus grande résilience peut commencer à tout moment, quel que soit l'endroit où nous nous trouvons dans notre vie.

Alors que nous continuons à explorer le thème de la résilience dans ce livre, je vous invite à réfléchir à votre propre résilience. Comment se manifeste-t-elle dans votre vie ? Comment l'avez-vous renforcée à travers les défis que vous avez rencontrés ? Et comment pouvez-vous continuer à la cultiver à l'avenir ?

N'oubliez pas que la résilience est un voyage, pas une destination. Et chaque pas que vous faites sur ce chemin, peu importe sa taille, est une étape vers une plus grande force, une plus grande sagesse et une plus grande résilience. Alors, embarquez avec moi dans ce voyage passionnant et transformateur à la découverte de la résilience.

Les mythes et réalités de la résilience

Lorsqu'il s'agit de résilience, il y a une multitude de mythes et de malentendus qui peuvent brouiller notre compréhension et même entraver notre capacité à cultiver cette qualité essentielle. Il est crucial de démêler ces mythes des réalités pour nous permettre d'embrasser pleinement la résilience dans nos vies. Examinons donc certains de ces mythes courants et opposons-les aux réalités.

Mythe 1 : La résilience est une caractéristique innée

L'un des mythes les plus répandus sur la résilience est qu'elle est une caractéristique innée ; vous êtes soit né résilient, soit vous ne l'êtes pas.

Réalité : La résilience est une compétence qui peut être apprise et cultivée

La résilience n'est pas une question de chance génétique ou de destinée prédestinée. C'est une compétence qui peut être apprise et développée par n'importe qui, à n'importe quel stade de la vie. Par l'apprentissage et la pratique de compétences telles que la régulation émotionnelle, la pensée flexible, la résolution de problèmes, et le soutien social, nous pouvons tous renforcer notre résilience.

Mythe 2 : La résilience signifie ne jamais ressentir de douleur ou de stress

Un autre mythe courant est que la résilience signifie être capable de faire face à n'importe quelle difficulté sans jamais ressentir de douleur, de stress ou de perturbation.

Réalité : La résilience implique de reconnaître et de gérer nos émotions, y compris la douleur et le stress

La résilience ne signifie pas que nous sommes immunisés contre la douleur ou le stress. Au contraire, elle implique de reconnaître et d'accepter nos émotions, y compris celles qui sont inconfortables ou douloureuses. La résilience réside dans notre capacité à gérer ces émotions de manière saine et à trouver des moyens constructifs de faire face à l'adversité.

Mythe 3 : La résilience est une caractéristique statique

Un autre mythe est que la résilience est une caractéristique statique - une fois que vous l'avez, vous l'avez pour toujours.

Réalité : La résilience est un processus dynamique qui peut évoluer et se renforcer au fil du temps

La résilience n'est pas une caractéristique fixe ou immuable. C'est un processus dynamique qui évolue et se renforce au fil du temps. Notre résilience peut être mise à l'épreuve et renforcée à chaque défi que nous rencontrons. Et chaque fois que nous surmontons une difficulté, nous avons l'opportunité de renforcer notre résilience et de développer une plus grande force et une plus grande sagesse.

Mythe 4 : La résilience signifie faire face seul

Beaucoup de gens croient à tort que la résilience signifie être capable de faire face à l'adversité seul, sans l'aide ou le soutien des autres.

Réalité : La résilience est renforcée par le soutien social et les relations positives

La résilience n'est pas une entreprise solitaire. Au contraire, elle est souvent renforcée par le soutien social et les relations positives. Avoir des personnes sur lesquelles nous pouvons compter, qui nous soutiennent et nous encouragent, peut grandement augmenter notre capacité à surmonter l'adversité. Le soutien social peut prendre de nombreuses formes, y compris le soutien émotionnel, le soutien pratique, le soutien informatif, et le soutien relationnel.

Mythe 5 : La résilience signifie rebondir rapidement

Un autre mythe est que la résilience signifie être capable de rebondir rapidement après une épreuve ou une difficulté.

Réalité : La résilience implique parfois un processus de guérison et de croissance qui peut prendre du temps

La résilience n'est pas toujours une question de rebond rapide. Parfois, elle implique un processus de guérison et de croissance qui peut prendre du temps. Cela ne signifie pas que nous ne sommes pas résilients, mais plutôt que nous prenons le temps nécessaire pour nous rétablir et nous renforcer.

Mythe 6 : La résilience est toujours bénéfique

Il y a un mythe selon lequel la résilience est toujours bénéfique et qu'il n'y a jamais de conséquences négatives à être résilient.

Réalité : La résilience peut parfois mener à l'épuisement si elle n'est pas équilibrée avec le soin de soi

Si la résilience peut nous aider à surmonter l'adversité, elle peut parfois mener à l'épuisement si elle n'est pas équilibrée avec le soin de soi. C'est pourquoi il est important de prendre le temps de se reposer, de se ressourcer et de prendre soin de notre bien-être physique et mental.

En conclusion, en démêlant ces mythes de la réalité, nous pouvons avoir une meilleure compréhension de ce qu'est réellement la résilience et comment nous pouvons la cultiver dans nos vies. La résilience n'est pas une caractéristique fixe ou innée, mais une compétence dynamique que nous pouvons tous apprendre et développer. Elle ne signifie pas être immunisé contre la douleur ou le stress, mais plutôt être capable de gérer ces émotions de manière saine. Et bien que la résilience puisse nous aider à surmonter l'adversité, elle doit être équilibrée avec le soin de soi pour éviter l'épuisement. En fin de compte, la résilience est un voyage, et chaque étape de ce voyage est une opportunité de croissance et de renforcement.

La résilience à travers l'histoire
et différentes cultures

Lorsque nous parlons de résilience, nous parlons d'une qualité universelle qui traverse les frontières culturelles et historiques. Les gens de toutes les époques et de tous les lieux ont fait face à des défis et des adversités, et ils ont trouvé des moyens de survivre et de s'épanouir malgré ces difficultés. En examinant la résilience à travers l'histoire et différentes cultures, nous pouvons mieux comprendre cette qualité essentielle et la manière dont elle est exprimée et cultivée.

Commençons par un voyage à travers l'histoire. Depuis les temps anciens, l'humanité a été confrontée à des défis tels que les catastrophes naturelles, les guerres, les famines, et les épidémies. Dans chaque époque, nous trouvons des histoires de résilience - des individus et des communautés qui ont non seulement survécu à ces défis, mais qui ont également trouvé des moyens de se reconstruire et de se renouveler.

Prenez, par exemple, les survivants de l'Holocauste. Malgré les atrocités inimaginables qu'ils ont subies, beaucoup ont été capables de reconstruire leur vie après la guerre, de fonder de nouvelles familles, et de contribuer de manière significative à leurs communautés. Leur résilience témoigne de la capacité humaine à surmonter les adversités les plus terribles et à trouver un sens et une raison d'espérer, même dans les moments les plus sombres.

Ou considérez les peuples indigènes du monde entier, qui ont résisté à des siècles de colonisation, de dépossession, et d'oppression. Malgré ces défis, ils ont préservé leurs cultures, leurs langues, et leurs modes de vie, et ils continuent de lutter pour leurs droits et leur souveraineté. Leur résilience est une source d'inspiration et un rappel de la force et de la persévérance de l'esprit humain.

Maintenant, regardons la résilience à travers différentes cultures. Dans chaque culture, nous trouvons des concepts et des pratiques qui reflètent et cultivent la résilience.

Dans la culture japonaise, par exemple, nous trouvons le concept de "gaman", qui peut être traduit par "endurance stoïque" ou "patience résiliente". Gaman implique de faire face à l'adversité avec patience, dignité, et une volonté inébranlable. C'est une vertu très respectée au Japon et une source importante de résilience.

Dans la culture africaine, nous trouvons le concept de "ubuntu", qui peut être traduit par "je suis parce que nous sommes". Ubuntu souligne l'importance de la communauté et de l'interconnexion dans la vie humaine. Il nous rappelle que notre bien-être est lié à celui des autres et que le soutien et la solidarité communautaires sont essentiels pour notre résilience.

Dans la culture amérindienne, nous trouvons une forte connexion avec la nature et la terre, qui sont vues comme des sources de force et de résilience. Les rituels, les cérémonies, et les pratiques spirituelles jouent un rôle important dans le soutien de la résilience individuelle et communautaire.

Dans la culture maorie de Nouvelle-Zélande, nous trouvons le concept de "whakapapa", qui se réfère à la généalogie et à la connexion intergénérationnelle. Le whakapapa souligne l'importance des liens familiaux et ancestraux dans la formation de notre identité et de notre résilience.

Il est également important de noter que la résilience peut prendre différentes formes dans différentes cultures. Ce qui est considéré comme résilient dans une culture peut ne pas l'être dans une autre. Par exemple, dans certaines cultures, il peut être plus résilient de montrer ses émotions et de demander de l'aide, tandis que dans d'autres, il peut être plus résilient de maintenir une façade stoïque et de gérer les problèmes de manière autonome.

En conclusion, la résilience est une qualité humaine universelle qui se manifeste de diverses manières à travers l'histoire et différentes cultures. En explorant la résilience à travers ces diverses lentilles, nous pouvons obtenir une vision plus complète et plus nuancée de cette qualité essentielle. Nous pouvons également trouver de l'inspiration et des idées pour cultiver notre propre résilience, en apprenant des stratégies et des pratiques qui ont aidé les gens à survivre et à s'épanouir face à l'adversité à travers les époques et les cultures.

Chapitre 2

Le Visage de l'adversité

Exploration des différents types de défis : perte, échec, traumatisme, et plus encore

L'adversité est une partie inévitable de la vie. Chacun de nous, à un moment ou à un autre, fait face à des défis qui mettent à l'épreuve notre résilience. Ces défis peuvent prendre de nombreuses formes, y compris la perte, l'échec, le traumatisme, et bien d'autres encore. En explorant ces différents types de défis, nous pouvons mieux comprendre l'adversité que nous pourrions rencontrer dans notre propre vie et comment nous pouvons utiliser notre résilience pour y faire face.

Commençons par la **perte**. La perte est une expérience universelle - que ce soit la perte d'un être cher, la perte d'un emploi, la perte d'une relation, la perte de la santé, ou la perte d'un rêve ou d'une aspiration. La perte peut déclencher une variété d'émotions difficiles, y compris la tristesse, la colère, la peur, et le désespoir. Cependant, c'est aussi une occasion de croissance et de transformation. En faisant face à la perte, nous pouvons apprendre à apprécier davantage ce que nous avons, à développer de l'empathie pour les autres qui traversent des épreuves similaires, et à découvrir de nouvelles voies et possibilités pour notre vie.

Ensuite, il y a l'**échec**. L'échec est souvent stigmatisé dans notre société, qui valorise la réussite et le succès. Cependant, l'échec est en réalité une partie essentielle de la vie et de l'apprentissage. Chaque échec est une occasion d'apprendre, de grandir, et de s'améliorer. En faisant face à l'échec, nous pouvons développer notre résilience, notre persévérance, et notre détermination. Nous pouvons également apprendre à être plus créatifs, flexibles, et ouverts à de nouvelles idées et approches.

Le **traumatisme** est une autre forme d'adversité qui peut mettre à l'épreuve notre résilience. Le traumatisme peut résulter d'événements tels que la violence, l'abus, les catastrophes naturelles, les accidents, ou les expériences de guerre. Le traumatisme peut avoir des effets profonds et durables sur notre bien-être mental, émotionnel, et physique. Cependant, avec le soutien approprié et les stratégies de résilience, il est possible de guérir du traumatisme et de reconstruire une vie significative et épanouissante.

Enfin, il y a de nombreux autres types de défis qui peuvent survenir dans la vie, y compris la maladie, le stress, le conflit, la discrimination, la pauvreté, et bien d'autres. Chaque type d'adversité présente ses propres défis uniques, mais aussi ses propres opportunités pour la résilience et la croissance.

En conclusion, l'adversité est une partie inévitable de la vie, mais elle ne définit pas qui nous sommes. Ce qui définit qui nous sommes, c'est la manière dont nous répondons à l'adversité - la manière dont nous utilisons notre résilience pour faire face aux défis, apprendre de nos expériences, et continuer à avancer.

Il est important de se rappeler que chaque personne est unique et que chacun réagit à l'adversité de manière différente. Il n'y a pas de "bonne" ou de "mauvaise" manière de faire face à l'adversité. Ce qui compte, c'est de trouver des stratégies et des approches qui fonctionnent pour vous, qui vous aident à vous sentir soutenu et à renforcer votre résilience.

Il est également essentiel de reconnaître que demander de l'aide n'est pas un signe de faiblesse, mais plutôt un signe de force. Que ce soit en cherchant le soutien d'amis ou de proches, en faisant appel à un professionnel de la santé mentale, ou en utilisant d'autres ressources, demander de l'aide peut être une étape importante dans le processus de résilience.

En fin de compte, chaque défi que nous rencontrons est une occasion de grandir, d'apprendre, et de devenir plus résilient. Que vous soyez confronté à la perte, à l'échec, au traumatisme, ou à un autre type de défi, souvenez-vous que vous avez en vous la capacité de faire face à l'adversité et de rebondir. La résilience est en vous, prête à être déployée et renforcée à chaque étape du voyage.

Alors, la prochaine fois que vous vous retrouverez face à l'adversité, n'oubliez pas : vous êtes plus fort que vous ne le pensez. Vous avez en vous la résilience nécessaire pour traverser les tempêtes de la vie et en sortir plus fort.

Comment la Résilience se Manifeste dans Chaque Contexte

La résilience n'est pas une qualité statique ou monolithique. Elle est dynamique, adaptable, et se manifeste différemment en fonction du contexte. Dans cette partie, nous explorerons comment la résilience peut se manifester dans divers contextes : personnel, familial, professionnel, communautaire et sociétal. Chacun de ces contextes offre des défis uniques, mais aussi des opportunités pour la résilience et la croissance.

Dans le contexte **personnel**, la résilience peut se manifester comme la capacité de faire face à des défis personnels tels que le stress, les échecs, les pertes et les traumatismes. Cela peut impliquer de développer des compétences de régulation émotionnelle, d'apprendre à penser de manière flexible et adaptative, de maintenir une perspective optimiste et d'adopter des habitudes de vie saines. En cultivant la résilience personnelle, nous pouvons non seulement mieux gérer les difficultés, mais aussi prospérer et trouver un sens et un but malgré elles.

Dans le contexte **familial**, la résilience peut se manifester comme la capacité de naviguer dans les défis familiaux tels que les conflits, les transitions et les crises. Cela peut impliquer de développer des compétences de communication et de résolution de problèmes, de renforcer les liens et le soutien mutuel, et de cultiver une culture familiale de résilience. En renforçant la résilience familiale, nous pouvons aider nos familles à rester unies, à s'adapter et à s'épanouir face à l'adversité.

Dans le contexte **professionnel**, la résilience peut se manifester comme la capacité de faire face aux défis professionnels tels que le stress professionnel, les échecs, les changements et les incertitudes. Cela peut impliquer de développer des compétences de gestion du stress et de résilience au travail, d'apprendre à gérer les échecs et les revers, et de cultiver un sens de la mission et du but dans notre travail. En renforçant la résilience professionnelle, nous pouvons non seulement survivre, mais aussi prospérer dans notre carrière, malgré les défis et les obstacles.

Dans le contexte **communautaire**, la résilience peut se manifester comme la capacité d'une communauté à faire face à des défis tels que les catastrophes naturelles, les crises sociales, et les transitions économiques. Cela peut impliquer de renforcer la cohésion et la solidarité communautaires, de développer des systèmes de soutien et de ressources communautaires, et de promouvoir une culture de résilience dans la communauté. En renforçant la résilience communautaire, nous pouvons aider nos communautés à se remettre des crises, à s'adapter aux changements, et à se développer et à prospérer malgré l'adversité.

Enfin, dans le contexte **sociétal**, la résilience peut se manifester comme la capacité d'une société à faire face à des défis tels que les crises économiques, les conflits politiques, les changements climatiques, et autres défis globaux. Cela peut impliquer de développer des politiques et des systèmes de soutien qui favorisent la résilience, de promouvoir l'équité et la justice sociale, et de cultiver une culture de résilience à l'échelle de la société. En renforçant la résilience sociétale, nous pouvons aider nos sociétés à naviguer à travers les crises, à s'adapter aux changements et à créer un avenir plus durable et équitable pour tous.

En somme, la résilience est une compétence qui peut être cultivée et renforcée dans tous les aspects de notre vie. Que ce soit sur le plan personnel, familial, professionnel, communautaire ou sociétal, la résilience nous offre la capacité de faire face à l'adversité, de s'adapter aux changements, et de prospérer malgré les défis.

Il est important de noter que la résilience n'est pas une trajectoire linéaire ou un processus simple. Elle implique souvent des hauts et des bas, des avancées et des reculs. Cependant, même dans les moments les plus difficiles, la résilience peut nous aider à trouver la force et le courage de continuer à avancer.

En fin de compte, la résilience n'est pas seulement une question de survie, mais aussi de floraison. Elle ne se limite pas à résister à l'adversité, mais englobe aussi la capacité de tirer des leçons des défis, de trouver un sens dans les difficultés et de transformer l'adversité en opportunité. En cultivant la résilience dans tous les aspects de notre vie, nous pouvons non seulement survivre aux tempêtes, mais aussi apprendre à danser sous la pluie.

Histoires Inspirantes de Résilience Face à l'Adversité

À travers l'histoire, nous avons été témoins d'innombrables exemples de résilience face à l'adversité. Ces histoires nous inspirent, nous motivent et nous rappellent la force incroyable de l'esprit humain. Voici quelques-unes de ces histoires.

Nelson Mandela – Mandela est un symbole mondial de la résilience et de la persévérance. Il a passé 27 ans en prison pour son combat contre l'apartheid en Afrique du Sud. Malgré la brutalité et l'injustice de sa captivité, Mandela a refusé de céder à l'amertume ou au désespoir. Au lieu de cela, il a utilisé son temps en prison pour apprendre et grandir. À sa libération, il a travaillé sans relâche pour mettre fin à l'apartheid et construire une Afrique du Sud libre et équitable. En 1994, il est devenu le premier président noir de l'Afrique du Sud, consacrant son mandat à la réconciliation et à l'égalité.

Malala Yousafzai – Malala est une défenseure pakistanaise du droit à l'éducation pour les filles. À l'âge de 15 ans, elle a survécu à une tentative d'assassinat par les talibans pour son militantisme. Plutôt que de la faire taire, cet acte de violence n'a fait que renforcer la détermination de Malala. Elle a continué à militer pour l'éducation des filles, en devenant la plus jeune lauréate du prix Nobel de la paix.

Stephen Hawking – Hawking était un physicien théoricien de renom qui a vécu avec la maladie de Lou Gehrig pendant plus de 50 ans, une maladie qui l'a progressivement paralysé et l'a rendu incapable de parler sans l'aide d'un synthétiseur vocal. Malgré ces défis, Hawking n'a jamais cessé de travailler. Ses contributions à la physique, notamment sa théorie des trous noirs et du big bang, ont radicalement transformé notre compréhension de l'univers.

J.K. Rowling – Avant de devenir l'une des auteures les plus célèbres au monde, Rowling a connu sa part d'adversité. Elle a commencé à écrire Harry Potter alors qu'elle était une mère célibataire vivant de l'aide sociale. Malgré de nombreux rejets, elle a continué à croire en son histoire et à persévérer. Aujourd'hui, Harry Potter est une série de livres mondialement connue et adorée.

Ces histoires ne sont que quelques exemples de la résilience face à l'adversité. Elles nous rappellent que, quelle que soit la difficulté de la situation, il y a toujours de l'espoir. La résilience n'est pas une qualité réservée à quelques-uns ; elle réside en chacun de nous. Et, tout comme Mandela, Malala, Hawking et Rowling, nous aussi, nous pouvons faire face à l'adversité, surmonter les obstacles et atteindre des sommets insoupçonnés.

Chapitre 3

Le chemin vers la résilience

Les étapes clés pour développer la résilience

La résilience n'est pas une qualité innée ou statique ; c'est une compétence que nous pouvons tous développer et renforcer avec le temps et la pratique. Voici les étapes clés pour développer la résilience.

1. Prendre conscience de vos réactions face à l'adversité : La première étape vers la résilience est de prendre conscience de vos réactions face à l'adversité. Comment réagissez-vous face à l'échec, à la perte, au stress ou au changement ? Vos réactions sont-elles productives ou contre-productives ? En prenant conscience de vos réactions, vous pouvez commencer à les comprendre et à travailler sur elles.

2. Développer une perspective optimiste : La résilience est étroitement liée à l'optimisme. Les personnes résilientes voient gé-néralement les défis comme temporaires et sur-montables, plutôt que comme permanents et insurmontables. Elles ont tendance à chercher les aspects positifs même dans les situations les plus difficiles. Cela ne signifie pas ignorer la réa-lité ou éviter les émotions négatives, mais plutôt adopter une attitude de "positivité réaliste".

3. Cultiver l'acceptation : La résilience im-plique aussi l'acceptation de la réalité telle qu'elle est, y compris les aspects qui ne peuvent pas être changés. Cela signifie accepter que l'ad-versité fait partie de la vie et que nous ne pou-vons pas toujours contrôler ce qui nous arrive. En acceptant ce qui est hors de notre contrôle, nous pouvons nous concentrer sur ce que nous pouvons changer et prendre des mesures constructives pour avancer.

4. Pratiquer la flexibilité cognitive : La flexibilité cognitive est la capacité de penser de manière flexible et adaptative face à l'adversité. Cela signifie être capable de voir les choses sous différents angles, de s'adapter à de nouvelles in-formations ou circonstances, et de trouver des solutions créatives aux problèmes. Les per-sonnes résilientes ont tendance à être flexibles dans leur pensée et à voir les défis comme des opportunités de croissance et d'apprentissage.

5. Renforcer les compétences de régulation émotionnelle : La résilience nécessite également la capacité de gérer efficacement ses émotions face à l'adversité. Cela peut impliquer des compétences telles que la tolérance à la frustration, la gestion du stress, l'auto-apaisement et la capacité à exprimer ses émotions de manière saine. En renforçant ces compétences, nous pouvons mieux naviguer dans les hauts et les bas de la vie.

6. Cultiver des relations de soutien : Les relations de soutien sont un pilier essentiel de la résilience. Nous avons tous besoin de personnes sur lesquelles nous pouvons compter pour nous aider à traverser les moments difficiles. Cela peut impliquer de renforcer les liens avec la famille et les amis, de chercher du soutien professionnel si nécessaire, ou de se connecter à une communauté de personnes partageant les mêmes idées.

7. Prendre soin de soi : Enfin, la résilience implique de prendre soin de soi sur le plan physique, mental et émotionnel. Cela peut inclure des pratiques telles que l'exercice régulier, une alimentation saine, le sommeil suffisant, la méditation, la relaxation, et des activités créatives ou récréatives. En prenant soin de nous-mêmes, nous pouvons renforcer notre résilience et notre capacité à faire face à l'adversité.

Chacune de ces étapes constitue une partie importante du chemin vers la résilience. Il est important de noter que ce processus ne se fait pas du jour au lendemain. Le développement de la résilience est un parcours qui demande du temps, de la patience et de la pratique. C'est un parcours qui peut être parsemé de défis, mais aussi de découvertes et de croissance.

Cependant, il est également important de noter que chaque personne est unique et que le chemin vers la résilience peut varier d'une personne à l'autre. Ce qui fonctionne pour une personne peut ne pas fonctionner pour une autre. Il est donc essentiel d'expérimenter, de s'adapter et de trouver ce qui fonctionne le mieux pour vous.

En fin de compte, la résilience n'est pas une destination, mais un voyage. C'est un voyage qui peut nous aider à naviguer à travers les tempêtes de la vie, à s'adapter aux changements, et à prospérer malgré les défis. Et, tout comme le voyage d'un millier de miles commence par un simple pas, le chemin vers la résilience commence par un simple acte de courage : celui de choisir de se lever, de faire face à l'adversité, et de continuer à avancer, peu importe ce qui se passe.

Stratégies et Exercices pour Renforcer la Résilience

Maintenant que nous avons exploré les étapes clés pour développer la résilience, il est temps d'approfondir certaines stratégies et exercices concrets que vous pouvez utiliser pour renforcer cette compétence vitale. Ces outils peuvent vous aider à naviguer plus efficacement à travers les défis de la vie, à rebondir face à l'adversité et à prospérer malgré les obstacles.

1. Cultivez la gratitude : La gratitude est une pratique puissante qui peut vous aider à développer une perspective plus positive et à renforcer votre résilience. Essayez de prendre quelques minutes chaque jour pour noter les choses pour lesquelles vous êtes reconnaissant. Cela peut vous aider à vous concentrer sur les aspects positifs de votre vie, même dans les moments difficiles.

2. Pratiquez la pleine conscience : La pleine conscience est la capacité à être pleinement présent et engagé dans le moment présent, sans jugement. Elle peut vous aider à gérer le stress, à réguler vos émotions et à développer une plus grande résilience. Vous pouvez pratiquer la pleine conscience à travers des activités comme la méditation, le yoga, la respiration consciente ou simplement en vous concentrant pleinement sur une activité à la fois.

3. Adoptez un état d'esprit de croissance : Les personnes avec un état d'esprit de croissance croient qu'elles peuvent apprendre, grandir et s'améliorer avec le temps et l'effort. Cet état d'esprit peut vous aider à voir les défis comme des opportunités d'apprentissage et de croissance, plutôt que comme des échecs ou des obstacles insurmontables.

4. Développez vos compétences de résolution de problèmes : La capacité à résoudre efficacement les problèmes est une compétence clé pour la résilience. Cela peut impliquer de décomposer les problèmes en petites étapes gérables, de générer plusieurs solutions possibles, et de prendre des décisions réfléchies.

5. Prenez soin de votre santé physique : La santé physique et la résilience sont étroitement liées. Une bonne alimentation, un sommeil suffisant et l'exercice régulier peuvent tous contribuer à renforcer votre résilience en améliorant votre énergie, votre humeur et votre bien-être général.

6. Cultivez des relations de soutien : Les relations de soutien peuvent jouer un rôle crucial dans la résilience. Essayez de passer du temps avec des personnes qui vous soutiennent et vous encouragent, et cherchez des moyens de renforcer ces relations. Vous pouvez également chercher à vous connecter avec des groupes ou des communautés qui partagent vos intérêts ou vos défis.

7. Cherchez de l'aide professionnelle si nécessaire : Parfois, les défis peuvent être trop grands pour être gérés seuls. Si vous vous sentez dépassé ou si vous avez du mal à faire face, n'hésitez pas à chercher de l'aide professionnelle. Un thérapeute ou un conseiller peut vous fournir des outils et des stratégies supplémentaires pour développer la résilience et gérer l'adversité.

Ces stratégies et exercices ne sont pas une solution miracle, mais des outils qui, lorsqu'ils sont utilisés régulièrement et consciencieusement, peuvent aider à renforcer votre résilience. Il est important de noter que la résilience ne signifie pas éviter les difficultés ou les émotions négatives, mais plutôt développer la capacité de les gérer efficacement.

8. Pratiquez l'auto-compassion : L'auto-compassion implique de se traiter avec la même gentillesse, la même préoccupation et la même compréhension que vous traiteriez un ami cher. Cela peut être particulièrement utile lors de moments difficiles ou lorsque vous faites face à des échecs ou des erreurs. Au lieu de vous critiquer durement, essayez de vous soutenir et de vous réconforter.

9. Créez un sens et un but : Avoir un sens et un but dans la vie peut être une source puissante de résilience. Cela peut vous aider à rester motivé et concentré, même face à des défis ou des obstacles. Que ce soit à travers votre travail, vos relations, votre créativité, votre service aux autres ou votre croissance personnelle, cherchez des moyens de donner un sens et un but à votre vie.

10. Pratiquez la résilience tous les jours : Enfin, rappelez-vous que la résilience est une compétence qui se développe avec le temps et la pratique. Chaque jour offre de nouvelles opportunités pour pratiquer la résilience, que ce soit en faisant face à un petit défi, en essayant quelque chose de nouveau, ou en utilisant un outil ou une stratégie de résilience.

Chaque pas que vous faites sur le chemin de la résilience est une victoire. Chaque fois que vous choisissez de vous relever après une chute, chaque fois que vous choisissez de voir une épreuve comme une opportunité, chaque fois que vous choisissez de prendre soin de vous-même et de soutenir les autres, vous renforcez votre résilience. Et chaque jour, vous devenez un peu plus fort, un peu plus résilient, et un peu

plus prêt à faire face à tout ce que la vie vous
réserve.

Comment le Soutien Social et la Communauté peuvent Aider

La résilience n'est pas une île. Elle ne se développe pas dans l'isolement, mais plutôt à travers les interactions, les connexions et le soutien que nous recevons de ceux qui nous entourent. La communauté et le soutien social jouent un rôle crucial dans notre capacité à surmonter les défis et à prospérer malgré l'adversité. Ils sont le filet de sécurité qui nous attrape lorsque nous trébuchons, la force qui nous soutient lorsque nous sommes fatigués, et le miroir qui reflète notre potentiel même lorsque nous en doutons.

L'importance du Soutien Social

Le soutien social peut prendre de nombreuses formes, allant des relations intimes avec la famille et les amis, aux interactions plus larges avec des collègues, des mentors, ou des membres d'un groupe ou d'une communauté. Quelle que soit la forme qu'il prend, le soutien social peut avoir un impact profond sur notre résilience.

Tout d'abord, le soutien social nous offre un sentiment de connexion et d'appartenance. Nous sommes des êtres sociaux par nature, et nous avons un besoin fondamental de nous sentir connectés aux autres. Ce sentiment de connexion peut nous aider à nous sentir plus forts et plus capables de faire face aux défis de la vie.

Deuxièmement, le soutien social peut nous fournir une aide pratique et émotionnelle. Que ce soit un ami qui nous écoute lorsque nous sommes bouleversés, un membre de la famille qui nous aide à prendre soin de nos enfants lorsque nous sommes débordés, ou un collègue qui nous donne un conseil précieux sur un problème au travail, ce soutien peut nous aider à gérer le stress et à naviguer plus efficacement à travers les défis.

Enfin, le soutien social peut nous aider à voir les choses sous un angle différent. Lorsque nous sommes confrontés à des difficultés, il peut être facile de se perdre dans une spirale de pensées négatives. Cependant, en parlant avec d'autres, nous pouvons obtenir de nouvelles perspectives, des idées et des solutions que nous n'aurions pas pu voir par nous-mêmes.

Le Rôle de la Communauté dans la Résilience

Au-delà du soutien social immédiat, la communauté joue également un rôle crucial dans la résilience. Une communauté peut être un groupe de personnes qui partagent un lieu, des intérêts, des valeurs, ou des défis communs. Elle peut être une équipe de travail, un club de lecture, une église, une organisation bénévole, un groupe de soutien en ligne, ou toute autre forme de groupe auquel vous vous sentez connecté.

Une communauté offre un espace où nous pouvons partager nos expériences, apprendre les uns des autres, et nous sentir soutenus et compris. Elle peut nous aider à nous sentir moins seuls face à nos défis, et nous donner l'opportunité de donner et de recevoir du soutien.

De plus, une communauté peut offrir des ressources, des informations et des opportunités qui peuvent nous aider à développer notre résilience. Par exemple, une communauté professionnelle peut offrir des ateliers ou des formations pour développer des compétences clés, une communauté de soutien à la santé mentale peut fournir des informations sur des stratégies de gestion du stress ou de l'anxiété, et une communauté de quartier peut offrir des opportunités de bénévolat qui nous permettent de nous sentir plus connectés et engagés.

Par ailleurs, la participation à une communauté peut également nous aider à développper un sentiment de but et de contribution. En nous impliquant dans des activités communautaires, en aidant les autres, ou en travaillant vers un objectif commun, nous pouvons renforcer notre sens de l'objectif, ce qui est un aspect important de la résilience.

Enfin, une communauté peut nous aider à créer un environnement qui soutient la résilience. Cela peut inclure la création d'un espace sûr et inclusif où chacun se sent valorisé et respecté, la promotion de valeurs de soutien et de coopération, et la mise en place de systèmes pour aider ceux qui sont en difficulté.

Soutien Social et Communauté : Une Force Résiliente

En résumé, le soutien social et la communauté sont des forces de résilience essentielles. Ils nous fournissent le soutien émotionnel et pratique dont nous avons besoin pour naviguer à travers les défis, nous aident à nous sentir connectés et valorisés, nous offrent des perspectives et des ressources précieuses, et nous aident à créer un environnement qui soutient la résilience.

Cependant, il est important de noter que le soutien social et la communauté ne sont pas toujours facilement accessibles à tous. Certains peuvent se sentir isolés ou exclus en raison de leur situation, de leur identité, de leurs expériences, ou de diverses barrières sociales ou structurelles. C'est pourquoi il est crucial de travailler à la création de communautés inclusives, accessibles et soutenantes, et de chercher des moyens de tendre la main et de soutenir ceux qui pourraient en avoir besoin.

En fin de compte, la résilience est un voyage, et ce n'est pas un voyage que nous devons ou devrions faire seuls. En nous appuyant sur le soutien social et la communauté, nous pouvons renforcer notre résilience et nous donner les meilleures chances de prospérer, même face à l'adversité. Car, comme l'a si bien dit l'écrivain Ken Poirot : *"Le voyage de mille miles commence par un pas... Assurez-vous de ne pas faire ce voyage seul."*

Chapitre 4

La Résilience au Quotidien

Intégrer la Résilience dans la Vie Quotidienne

La résilience n'est pas une compétence qui est utilisée seulement lors de grands bouleversements ou de crises majeures. C'est une force que nous pouvons, et devrions, cultiver et intégrer dans notre vie quotidienne. La résilience peut devenir notre alliée, une sorte de boussole interne qui nous guide à travers les hauts et les bas du quotidien. Pour cela, il est nécessaire de comprendre comment intégrer activement la résilience dans notre routine et nos habitudes quotidiennes.

La Résilience comme une Pratique Quotidienne

La première étape pour intégrer la résilience dans la vie quotidienne est de la voir comme une pratique, un peu comme le yoga ou la méditation. La résilience n'est pas une destination, mais plutôt un chemin que nous empruntons, une compétence que nous cultivons. Il est important de la pratiquer régulièrement, même lorsque les choses vont bien. En fait, c'est souvent pendant les périodes de calme que nous avons le plus de capacité à renforcer notre résilience.

Il y a plusieurs façons de pratiquer la résilience au quotidien. Une approche consiste à intégrer des habitudes et des rituels qui favorisent le bien-être et la résilience. Cela peut inclure des choses comme maintenir une routine régulière de sommeil, manger sainement, faire de l'exercice, passer du temps dans la nature, pratiquer la gratitude, méditer, journaliser, ou prendre du temps chaque jour pour se détendre et se ressourcer.

La Résilience dans les Petits Défis

Une autre façon d'intégrer la résilience dans la vie quotidienne est de l'appliquer aux petits défis et obstacles que nous rencontrons. Chaque jour, nous sommes confrontés à des frustrations, des déceptions, des échecs mineurs, et des stress. Ce sont des occasions précieuses pour pratiquer la résilience.

Par exemple, si vous êtes coincé dans un embouteillage, au lieu de vous laisser envahir par la frustration, vous pouvez voir cela comme une opportunité de pratiquer la patience et l'acceptation. Si vous faites une erreur au travail, au lieu de vous critiquer, vous pouvez voir cela comme une chance d'apprendre et de grandir. Si vous êtes confronté à un conflit avec un collègue ou un membre de votre famille, au lieu de l'éviter, vous pouvez le voir comme une occasion de pratiquer la communication et la résolution de problèmes.

La Résilience dans les Relations

La résilience peut également être intégrée dans nos relations quotidiennes. Cela peut signifier pratiquer l'empathie et la compréhension, même lorsque nous sommes en désaccord avec quelqu'un. Cela peut signifier chercher des moyens de soutenir et d'encourager les autres, même lorsque nous avons nos propres défis à relever. Cela peut signifier chercher des moyens de connecter et de construire des ponts, même lorsque nous nous sentons isolés ou incompris.

La Résilience comme une Philosophie de Vie

Enfin, intégrer la résilience dans la vie quotidienne signifie adopter une philosophie de vie résiliente. C'est une perspective qui voit les défis non pas comme des obstacles insurmontables, mais comme des occasions de croissance et d'apprentissage. C'est une philosophie qui valorise la flexibilité, l'adaptabilité, et la persévérance. C'est une vision qui reconnaît que, même si nous ne pouvons pas toujours contrôler ce qui nous arrive, nous avons le pouvoir de choisir comment nous y réagissons.

Adopter une philosophie de vie résiliente peut influencer toutes les facettes de notre vie, de notre travail à nos relations en passant par notre santé et notre bien-être. Cela peut nous aider à voir les échecs et les revers comme des étapes sur le chemin de la réussite. Cela peut nous encourager à rester ouverts et curieux, même lorsque nous sommes confrontés à l'inconnu ou à l'inconfortable. Cela peut nous motiver à chercher du soutien et de la connexion, même lorsque nous nous sentons seuls ou dépassés.

Vivre la Résilience au Quotidien

Vivre la résilience au quotidien n'est pas toujours facile. Il y aura des jours où nous nous sentirons dépassés, épuisés, ou découragés. Il y aura des moments où nous serons tentés de renoncer, de nous replier, ou de nous durcir.

Cependant, si nous persistons, si nous continuons à pratiquer et à cultiver la résilience, nous pouvons commencer à voir des changements. Nous pouvons commencer à remarquer que nous rebondissons plus rapidement après les revers. Nous pouvons commencer à sentir que nous sommes plus forts, plus résistants, et plus capables de faire face aux défis. Nous pouvons commencer à découvrir une profondeur de courage, de force, et de sagesse en nous que nous n'avions peut-être pas réalisée auparavant.

Intégrer la résilience dans la vie quotidienne est un voyage, une aventure de découverte de soi. C'est un processus d'apprentissage et de croissance qui peut nous transformer, nous renforcer, et finalement, nous permettre de prospérer, même face à l'adversité. Comme l'a dit l'écrivain et survivant de l'Holocauste, Viktor Frankl : "Ce qui est à craindre, ce n'est pas la souffrance en soi, mais la peur de la souffrance. Une fois que vous avez affronté cette peur, vous avez franchi le dernier obstacle sur le chemin de la vie."

En fin de compte, la résilience n'est pas seulement quelque chose que nous faisons, c'est quelque chose que nous sommes. C'est une partie intégrante de notre humanité, une lumière brillante de notre potentiel. Et chaque jour, chaque moment, est une occasion de briller cette lumière un peu plus fort.

Le rôle de la santé mentale
et physique dans la résilience

Dans notre quête de résilience, la santé mentale et physique joue un rôle indéniable. Ces deux aspects de notre bien-être sont intrinsèquement liés, et leur importance ne peut être sous-estimée. En réalité, notre corps et notre esprit sont deux faces d'une même pièce, et pour favoriser la résilience, nous devons prêter attention à ces deux aspects de notre être.

La Santé Mentale et la Résilience

La résilience est souvent considérée comme une caractéristique mentale ou émotionnelle, et à juste titre. Notre capacité à gérer le stress, à composer avec l'adversité, à rester positifs face aux défis, tout cela est étroitement lié à notre santé mentale. Les individus qui font preuve de résilience ont souvent une bonne estime de soi, une vision optimiste de la vie, une bonne gestion des émotions et une capacité à réguler leurs réactions de stress.

Cependant, la santé mentale ne concerne pas seulement la gestion des émotions et du stress. Cela comprend également notre capacité à rester concentrés et engagés, à résoudre des problèmes, à établir et à maintenir des relations saines, et à faire preuve d'empathie et de compassion. Toutes ces compétences et capacités contribuent à notre capacité de résilience.

Ainsi, prendre soin de notre santé mentale est essentiel pour favoriser la résilience. Cela peut inclure des activités comme la méditation, la psychothérapie, le journaling, ou simplement passer du temps avec des personnes qui nous font nous sentir bien. Il est également important de se rappeler que demander de l'aide n'est pas un signe de faiblesse, mais plutôt une preuve de force et de résilience.

La Santé Physique et la Résilience

La santé physique joue également un rôle crucial dans la résilience. Notre corps est l'instrument à travers lequel nous vivons notre vie, et lorsque nous sommes en bonne santé physique, nous sommes mieux équipés pour gérer le stress et l'adversité.

L'exercice physique régulier, par exemple, a été démontré pour réduire le stress, améliorer l'humeur, augmenter la confiance en soi, améliorer la qualité du sommeil, et même augmenter la taille de l'hippocampe, une région du cerveau associée à l'apprentissage et à la mémoire. De plus, une alimentation équilibrée, un sommeil suffisant et une bonne hydratation sont tous essentiels pour maintenir notre corps en bonne santé et résilient.

La santé physique peut également affecter la résilience de manière plus indirecte. Par exemple, lorsque nous sommes en bonne santé, nous sommes généralement plus capables de participer à des activités que nous apprécions, ce qui peut améliorer notre humeur et notre satisfaction dans la vie. De même, lorsque nous nous sentons bien dans notre corps, nous avons tendance à avoir une meilleure estime de soi et à nous sentir plus confiants, ce qui peut également renforcer notre résilience.

L'Interconnexion de la Santé Mentale et Physique

Il est important de noter que la santé mentale et la santé physique ne sont pas des entités séparées, mais sont plutôt étroitement liées et interdépendantes. Par exemple, le stress chronique ou l'anxiété peuvent entraîner des problèmes de santé physique tels que l'hypertension, les maladies cardiaques ou les troubles du sommeil. Inversement, des problèmes de santé physique, tels que la douleur chronique ou une maladie grave, peuvent avoir un impact sur notre santé mentale, en contribuant à la dépression, à l'anxiété ou à d'autres troubles de l'humeur.

Ainsi, pour favoriser la résilience, nous devons prêter attention à la fois à notre santé mentale et à notre santé physique. Nous devons nous engager dans des activités qui soutiennent notre bien-être dans ces deux domaines, et nous devons être attentifs aux signaux que notre corps et notre esprit nous envoient.

En fin de compte, le parcours vers la résilience est un voyage de bien-être holistique. Il s'agit de reconnaître que notre corps et notre esprit sont intimement liés, et de prendre des mesures pour prendre soin de notre santé à tous les niveaux. Il s'agit de nous engager dans des pratiques de soins personnels qui soutiennent notre santé mentale et physique, de chercher du soutien lorsque nous en avons besoin, et de nous rappeler que chaque petite étape que nous faisons dans cette direction nous rapproche de la résilience.

Et rappelez-vous, la résilience n'est pas une destination, mais un voyage. Il ne s'agit pas d'être parfaitement fort ou inébranlable, mais de continuer à se lever, encore et encore, même lorsque nous sommes confrontés à des défis. Il s'agit de reconnaître notre force inhérente, notre capacité à guérir et à grandir, et notre potentiel infini pour la résilience.

En cultivant notre santé mentale et physique, nous nous donnons les outils dont nous avons besoin pour naviguer dans les tempêtes de la vie avec grâce et courage. Et en fin de compte, c'est cela la véritable résilience.

Résilience et relations personnelles

Les relations personnelles sont l'un des piliers les plus importants de notre vie. Elles apportent joie, amour, soutien, et même défis qui nous aident à grandir et à nous développer. Les relations personnelles, qu'elles soient familiales, amicales ou romantiques, jouent un rôle crucial dans notre quête de résilience. Elles sont la toile de fond sur laquelle nous bâtissons notre résilience, et le reflet de la force que nous avons cultivée.

Dans nos relations, nous rencontrons des moments de bonheur, mais aussi des moments de conflit et de désaccord. Ces défis peuvent nous sembler insurmontables sur le moment, mais ils sont en réalité des occasions précieuses d'apprendre et de développer notre résilience. Chaque conflit est une opportunité pour nous d'apprendre à mieux communiquer, à faire preuve d'empathie et à chercher des solutions constructives. Chaque moment difficile est une chance pour nous de montrer notre soutien, notre amour et notre compréhension.

En outre, nos relations sont une source importante de soutien en temps de crise. Quand nous traversons des moments difficiles, ce sont nos proches qui nous aident à tenir bon. Ils nous rappellent notre valeur et notre force, ils nous aident à voir la situation sous un jour nouveau, et ils sont là pour nous lorsque nous avons besoin d'un soutien émotionnel ou pratique.

La résilience ne se construit pas dans l'isolement, mais dans la connexion avec les autres. Elle est nourrie par la chaleur de nos relations, renforcée par le soutien que nous recevons et la force que nous donnons en retour.

C'est pourquoi il est si important de cultiver des relations saines et positives. Cela signifie communiquer ouvertement et honnêtement, écouter avec empathie, faire preuve de respect et de considération, et être là pour nos proches dans les bons comme dans les mauvais moments.

Mais il est également crucial de se rappeler que, tout comme nous avons besoin des autres pour notre résilience, les autres ont besoin de nous. Chaque geste de gentillesse, chaque mot d'encouragement, chaque moment de soutien que nous offrons à nos proches contribue à leur résilience. En étant une source de force pour les autres, nous contribuons à créer un cercle de résilience qui nous soutient tous.

Alors que nous terminons ce chapitre sur la résilience au quotidien, nous pouvons voir comment la résilience est un voyage complexe et multifacette qui implique notre santé mentale et physique, notre capacité à faire face à l'adversité, et nos relations avec les autres.

Dans le prochain chapitre, nous allons explorer comment la résilience se reflète dans notre succès. Nous verrons comment la résilience nous aide à réaliser nos objectifs, à surmonter les obstacles et à transformer nos rêves en réalité. Nous découvrirons comment la résilience est la clé pour transformer non seulement notre vie quotidienne, mais aussi notre avenir.

Chapitre 5

Résilience et Succès

Comment la Résilience Mène au Succès

La résilience est souvent perçue comme la capacité à rebondir après un coup dur, à se relever après une chute. Mais la résilience est bien plus que cela. C'est une compétence qui permet non seulement de surmonter les obstacles, mais aussi de les utiliser comme tremplin vers le succès. La résilience n'est pas simplement la capacité à survivre à l'adversité, c'est la capacité à prospérer grâce à elle.

Pour comprendre comment la résilience mène au succès, il est important de se rappeler que le succès n'est pas une destination, mais un voyage. Le succès n'est pas défini par l'atteinte d'un objectif spécifique, mais par le chemin que nous empruntons pour y arriver. C'est un processus de croissance, d'apprentissage et d'évolution, où chaque épreuve est une opportunité pour devenir plus fort, plus sage et plus résilient.

Premièrement, la résilience permet de faire face à l'échec. Dans toute quête de succès, l'échec est inévitable. C'est une partie intégrante du processus d'apprentissage, une étape sur le chemin vers le succès. La résilience nous permet de voir l'échec non pas comme une fin, mais comme une occasion d'apprendre et de grandir. Elle nous permet de nous relever après une chute, de tirer des leçons de nos erreurs et de continuer à avancer.

Deuxièmement, la résilience cultive la persévérance. Le succès demande souvent du temps et de l'effort. Il exige de la patience, de la détermination et de la persévérance. La résilience nous donne la force de persévérer, même lorsque le chemin est difficile et semé d'obstacles. Elle nous permet de rester concentrés sur nos objectifs, même lorsque nous rencontrons des défis ou des revers.

Troisièmement, la résilience favorise l'adaptabilité. Le monde est en constante évolution, et le chemin vers le succès est rarement linéaire. Il nécessite souvent de s'adapter à de nouvelles situations, de surmonter des obstacles inattendus, ou de changer de direction en réponse à de nouvelles opportunités ou défis. La résilience nous donne la flexibilité et l'adaptabilité nécessaires pour naviguer dans un monde en constante évolution et pour transformer les défis en opportunités.

Quatrièmement, la résilience renforce la confiance en soi. Le succès nécessite de croire en soi, en ses capacités et en sa valeur. Il nécessite de croire que nous avons ce qu'il faut pour atteindre nos objectifs, même lorsque nous rencontrons des défis ou des revers. La résilience nous aide à renforcer cette confiance en soi. Elle nous rappelle que nous avons surmonté des défis par le passé, et que nous avons la force et la capacité de le faire à nouveau.

Enfin, la résilience favorise une vision positive. Le succès nécessite une vision positive, une capacité à voir les possibilités et les opportunités, même dans les moments difficiles. La résilience nous aide à cultiver cette vision positive. Elle nous permet de voir les défis comme des opportunités, les échecs comme des leçons, et les obstacles comme des opportunités de croissance et de développement.

Ainsi, la résilience n'est pas seulement une réponse à l'adversité, c'est aussi une mentalité, un état d'esprit qui façonne notre vision du monde et notre interaction avec lui. Elle nous apprend à embrasser l'incertitude, à apprécier le voyage et à chérir chaque défi comme une occasion de croître et de s'épanouir. Elle nous apprend à voir la beauté dans la lutte, le courage dans l'adversité, et la possibilité dans l'échec.

La résilience, en somme, est une compétence de vie qui peut transformer notre perception de l'échec, remodeler notre relation avec l'adversité, et nous propulser vers des sommets de succès auxquels nous n'aurions jamais pensé pouvoir atteindre. Elle est le tremplin qui nous permet de transformer l'adversité en avantage, le négatif en positif, et l'échec en succès.

Lorsque nous adoptons une mentalité résiliente, nous apprenons à voir le succès non pas comme une ligne d'arrivée, mais comme un voyage constant d'apprentissage, de croissance et d'évolution. Nous apprenons à embrasser l'adversité, à tirer des leçons de l'échec, et à transformer chaque défi en une opportunité de devenir plus forts, plus sages, et plus résilients.

C'est ainsi que la résilience mène au succès. Ce n'est pas une garantie d'atteindre nos objectifs, mais c'est une promesse que, quelle que soit la difficulté du chemin, nous avons en nous la force, la sagesse et la capacité de continuer à avancer. Et c'est cette promesse, cette conviction profonde en notre capacité à surmonter l'adversité et à prospérer grâce à elle, qui fait de la résilience un pilier fondamental du succès.

La résilience est le moteur qui nous propulse vers le succès. Elle est la clé qui déverrouille notre potentiel, la lumière qui illumine notre chemin, et l'étoile qui nous guide à travers les tempêtes. C'est la source de notre force, la base de notre courage, et le fondement de notre succès.

En fin de compte, la résilience est une histoire d'espoir, de foi et de courage. C'est une histoire de dépassement de soi, de réalisation de ses rêves, et de transformation de l'adversité en triomphe. C'est une histoire de succès, mais aussi, et surtout, une histoire d'humanité.

La résilience nous rappelle que le succès n'est pas une question de perfection, mais de persévérance. Elle nous rappelle que le véritable succès n'est pas l'absence d'échec, mais la capacité à se relever et à continuer à avancer, encore et encore. Elle nous rappelle que, dans la quête du succès, ce n'est pas la chute qui compte, mais le rebond.

Récits de personnes célèbres qui ont fait preuve de résilience

À travers l'histoire, il y a eu de nombreuses personnalités célèbres qui ont incarné la résilience, transformant les échecs, les revers et les adversités en opportunités de croissance et de succès. Leurs histoires sont des sources d'inspiration et des rappels puissants que la résilience est une qualité non seulement admirable, mais aussi essentielle à l'atteinte du succès.

Prenez par exemple J.K. Rowling, l'auteure britannique de la série à succès "Harry Potter". Avant de devenir l'une des femmes les plus riches et les plus influentes du monde de la littérature, Rowling a traversé une période de grande adversité. Elle était une mère célibataire vivant de l'aide sociale, déprimée et au bord du désespoir. Cependant, elle a utilisé cette expérience pour écrire un livre qui a été rejeté par douze éditeurs avant d'être finalement accepté. Aujourd'hui, J.K. Rowling est l'une des écrivaines les plus prospères et les plus célèbres de tous les temps, et son histoire est un puissant exemple de résilience.

Steve Jobs, le co-fondateur de Apple Inc., est une autre figure emblématique de la résilience. Jobs a été mis à la porte de la société qu'il avait co-fondée, mais il a continué à innover et à créer. Il a fondé NeXT, une société d'informatique, et Pixar, le studio d'animation à succès. Finalement, il est revenu chez Apple et a mené la société à son âge d'or avec des produits révolutionnaires comme l'iPod, l'iPhone et l'iPad. La résilience de Jobs face à l'adversité et son refus de se laisser abattre par l'échec sont des traits caractéristiques de sa personnalité et de son parcours vers le succès.

Abraham Lincoln, le 16e président des États-Unis, est une autre figure emblématique de la résilience. Avant de devenir président, Lincoln a connu de nombreuses défaites, tant sur le plan personnel que professionnel. Il a perdu plusieurs fois aux élections, a échoué dans les affaires et a souffert de dépression. Cependant, malgré ces échecs et ces revers, Lincoln n'a jamais renoncé. Il a continué à se battre pour ses convictions et à travailler pour réaliser ses objectifs. Finalement, il est devenu l'un des présidents les plus respectés et les plus influents de l'histoire des États-Unis.

Oprah Winfrey, une des femmes les plus influentes au monde, est un autre exemple inspirant de résilience. Née dans la pauvreté et ayant vécu une enfance et une adolescence marquées par les abus et la négligence, Winfrey a refusé de laisser ces expériences définir sa vie. Au lieu de cela, elle a utilisé ces défis comme une source de force et de motivation pour surmonter les obstacles et atteindre un niveau de succès sans précédent dans le monde de la télévision et au-delà. Ces histoires de personnes célèbres illustrent le pouvoir et l'importance de la résilience sur le chemin du succès. Elles nous rappellent que l'échec et l'adversité ne sont pas des fins en soi, mais plutôt des occasions d'apprendre, de grandir et de devenir plus forts. Elles nous montrent que la résilience n'est pas seulement une qualité admirable, mais aussi une compétence essentielle que nous pouvons tous développer et cultiver pour atteindre nos propres objectifs et réaliser nos rêves.

Thomas Edison, l'inventeur prolifique dont les créations ont profondément changé notre monde, est un autre exemple de résilience. Edison est surtout connu pour avoir développé le premier système commercial d'éclairage électrique pratique, mais avant de réussir, il a connu de nombreux échecs. Il a fait preuve d'une résilience inébranlable, restant déterminé et concentré malgré les nombreux obstacles sur son chemin. Quand on lui a demandé comment il avait géré tant d'échecs, il a répondu : "Je n'ai pas échoué. J'ai simplement trouvé 10 000 façons qui ne fonctionnent pas." Cette citation est souvent citée comme un symbole de la résilience et de la détermination à ne jamais abandonner,

même face à des défis apparemment insurmontables.

Nelson Mandela, l'ancien président sud-
africain et lauréat du prix Nobel de la paix, a
aussi démontré une résilience extraordinaire.
Mandela a passé 27 ans en prison pour son
combat contre l'apartheid en Afrique du Sud.
Au lieu de le briser, cette expérience l'a renforcé.
À sa libération, il a conduit pacifiquement son
pays à la fin de l'apartheid et est devenu un
symbole mondial de résistance à l'oppression.
Son histoire est un puissant exemple de la façon
dont la résilience peut conduire au succès même
dans les circonstances les plus difficiles.

Elon Musk, le PDG de SpaceX et de Tes-
la, est un autre exemple de résilience. Il a connu
de nombreux échecs et revers dans sa carrière,
mais a toujours continué à avancer. Que ce soit
le premier lancement raté de SpaceX, les nombreux défis auxquels Tesla a été confrontée, ou
même ses controverses personnelles, Musk a
toujours fait preuve de résilience. Aujourd'hui,
SpaceX est une entreprise leader dans le domaine de l'exploration spatiale et Tesla est à la
pointe de l'innovation dans le domaine de l'élec-
tricité et de l'automobile.

Ces histoires de résilience, bien qu'indivi-
duellement uniques, tissent ensemble un fil

conducteur qui nous rappelle l'importance et le pouvoir de la résilience sur le chemin du succès. Ces personnalités célèbres, confrontées à l'échec, à la déception et à l'adversité, ont démontré une résilience remarquable qui leur a permis de surmonter ces défis pour réaliser un succès extraordinaire. Leurs histoires ne sont pas simplement des rappels que l'échec et l'adversité ne sont pas des fins en soi, mais plutôt des occasions d'apprendre, de grandir et de devenir plus forts. Elles sont une source d'inspiration, un phare qui illumine notre propre potentiel de résilience.

La résilience dans les organisations et les entreprises

La résilience n'est pas seulement un atout pour les individus face à l'adversité personnelle. Elle joue aussi un rôle crucial dans les organisations et les entreprises, surtout dans un monde de plus en plus incertain et volatile. Dans ce contexte, la résilience organisationnelle est devenue un sujet de discussion clé parmi les dirigeants d'entreprise, les gestionnaires et les chercheurs.

Pour commencer, il est important de comprendre ce que signifie la résilience dans le contexte d'une organisation. La résilience organisationnelle peut être définie comme la capacité d'une entreprise à anticiper, à s'adapter et à répondre de manière flexible aux changements et aux défis, tout en maintenant ou en améliorant ses performances. Cela implique une approche proactive pour identifier les risques potentiels, une capacité à réagir rapidement et efficacement lorsqu'un problème survient, et une volonté de tirer des leçons des expériences difficiles pour éviter de futurs problèmes.

Un exemple frappant de la résilience organisationnelle est la manière dont de nombreuses entreprises ont réagi à la pandémie de COVID-19. Face à des perturbations massives de leurs opérations, de leur chaîne d'approvisionnement et de la demande de leurs produits ou services, ces entreprises ont dû s'adapter rapidement pour survivre. Cela a impliqué des changements majeurs, comme le passage au travail à distance, la réorientation de la production vers des produits de première nécessité, ou l'innovation pour répondre aux nouvelles exigences des clients. Malgré ces défis, de nombreuses entreprises ont non seulement survécu, mais ont également trouvé de nouvelles opportunités de croissance et d'innovation dans la crise.

La résilience organisationnelle ne se limite pas à la gestion des crises. Elle est également cruciale pour naviguer dans le paysage commercial en constante évolution, avec ses nouvelles technologies, ses nouvelles réglementations, ses nouvelles attentes des clients, et ses nouvelles formes de concurrence. Une entreprise résiliente est capable d'innover et de se réinventer face à ces changements, tout en restant fidèle à sa mission et à ses valeurs fondamentales.

De plus, la résilience organisationnelle est étroitement liée à la résilience individuelle de ses employés. Une culture d'entreprise qui favorise la résilience, par exemple en soutenant le bien-être des employés, en encourageant l'apprentissage et le développement, et en reconnaissant l'effort et la persévérance, peut aider à renforcer la résilience individuelle. En retour, des employés résilients peuvent contribuer à la résilience de l'ensemble de l'organisation, en apportant de la flexibilité, de la créativité et une attitude positive face aux défis.

Enfin, la résilience organisationnelle est une question de leadership. Les dirigeants qui font preuve de résilience, qui communiquent ouvertement et qui soutiennent leurs employés dans les moments difficiles, peuvent inspirer la même résilience dans toute l'organisation. Ils peuvent aider à instaurer une culture de résilience, où les défis sont vus non pas comme des menaces, mais comme des occasions d'apprendre, de grandir et de s'améliorer.

En conclusion, la résilience dans les organisations et les entreprises est une qualité vitale qui contribue à la survie, à la croissance et au succès à long terme. Elle ne se résume pas seulement à rebondir face à l'adversité, mais aussi à se préparer, à s'adapter et à prospérer au milieu des changements et des défis.

La résilience organisationnelle implique une multitude de facteurs - des stratégies de gestion des risques à la culture d'entreprise, en passant par le leadership et la résilience individuelle des employés. Chacun de ces éléments joue un rôle essentiel pour renforcer la résilience d'une organisation dans son ensemble.

Dans notre monde de plus en plus complexe et imprévisible, la résilience organisationnelle est plus importante que jamais. Les entreprises qui cultivent la résilience seront mieux équipées pour naviguer dans l'incertitude, surmonter les obstacles et saisir les opportunités qui se présentent. Elles seront en mesure de transformer les défis en sources d'innovation et de progrès, et ainsi de bâtir un avenir plus solide et plus durable.

Alors que nous entrons dans le chapitre suivant, qui se concentre sur la construction d'un futur résilient, il est important de se rappeler que la résilience est une capacité qui peut être développée et renforcée - tant au niveau individuel qu'organisationnel. Comme nous l'avons vu dans ce chapitre, la résilience est non seulement une clé du succès, mais aussi un pilier pour bâtir un futur plus fort et plus résilient.

Chapitre 6

Construire un futur résilient

La résilience face aux défis mondiaux

Alors que nous naviguons dans le 21ème siècle, notre monde est confronté à des défis d'une ampleur sans précédent. Du changement climatique à la menace de pandémies mondiales, en passant par les crises économiques et sociales, ces défis mondiaux demandent une réponse résiliente.

Le changement climatique est l'un des défis les plus urgents de notre époque. Il menace non seulement notre environnement, mais aussi notre santé, notre sécurité et notre prospérité économique. Pour y faire face, nous avons besoin de plus que de simples ajustements marginaux. Nous avons besoin d'une résilience profondément enracinée qui nous permet d'adapter nos sociétés et nos systèmes à ces nouvelles réalités. Cela signifie non seulement de réduire nos émissions de gaz à effet de serre et de passer à des sources d'énergie renouvelables, mais aussi d'adapter nos infrastructures, nos systèmes alimentaires et nos modes de vie à un monde plus chaud et plus imprévisible.

Les pandémies mondiales, comme celle du COVID-19 que nous avons récemment connue, sont un autre défi qui nécessite une réponse résiliente. Face à une telle crise, la résilience peut signifier la capacité de maintenir nos systèmes de santé, d'éducation et économiques en fonctionnement, même dans des conditions extrêmement difficiles. Cela nécessite une planification et une préparation préalables, ainsi que la capacité de s'adapter rapidement et efficacement à mesure que la situation évolue.

Ces défis mondiaux peuvent sembler accablants, mais ils nous offrent également l'opportunité de reconstruire notre monde de manière plus résiliente. En cultivant la résilience à tous les niveaux - individuel, communautaire, organisationnel et sociétal - nous pouvons transformer ces défis en opportunités pour créer un futur plus durable et plus équitable.

C'est là que réside le véritable pouvoir de la résilience. Plus qu'une simple capacité à rebondir face à l'adversité, la résilience est la clé pour créer un avenir meilleur et plus prometteur. Alors que nous continuons à explorer le thème de la résilience dans ce livre, gardons à l'esprit cette vision d'un futur résilient - un futur dans lequel nous sommes tous capables de nous adapter, de nous réinventer et de prospérer face aux défis mondiaux.

Dans le cadre du changement climatique, la résilience peut prendre de nombreuses formes. Les villes peuvent concevoir des infrastructures résistantes aux inondations et aux tempêtes, les agriculteurs peuvent adopter des pratiques agricoles durables qui préservent la santé des sols et résistent aux sécheresses, et les individus peuvent minimiser leur empreinte carbone en adoptant des modes de vie plus durables. Mais au-delà de ces actions tangibles, la résilience face au changement climatique implique également un changement de mentalité. Elle nécessite que nous reconnaissions l'interconnexion de tous les systèmes de notre planète et que nous comprenions que notre bien-être à long terme dépend de la santé de notre environnement.

En ce qui concerne les pandémies, la résilience peut signifier la mise en place de systèmes de santé robustes capables de répondre rapidement et efficacement aux urgences sanitaires. Elle peut aussi signifier la création d'économies résilientes qui peuvent résister aux chocs économiques associés à une pandémie. À l'échelle individuelle, la résilience peut impliquer le maintien d'un mode de vie sain et équilibré, même en période de stress et d'incertitude.

Ces défis mondiaux sont certes immenses, mais ils ne sont pas insurmontables. Avec de la résilience, de la détermination et un sens de la solidarité mondiale, nous avons la capacité de les relever. En fin de compte, la résilience n'est pas seulement une question de survie, mais aussi de prospérité. Elle nous offre l'opportunité de construire un avenir meilleur, plus fort et plus durable pour nous tous.

Au fur et à mesure que nous progressons dans ce siècle, la résilience continuera d'être une compétence essentielle pour faire face aux défis mondiaux. En apprenant à être résilient face à ces défis, nous pourrons non seulement survivre, mais aussi prospérer. Et ce faisant, nous pourrons construire un avenir plus résilient pour les générations à venir. Dans le chapitre suivant, nous explorerons comment nous pouvons cultiver la résilience à tous les niveaux de la société, des individus aux organisations et aux communautés.

Élever des enfants résilients

É lever des enfants résilients est un défi que tous les parents et les éducateurs doivent relever. C'est un travail qui demande de la patience, de l'empathie et, bien sûr, de la résilience. Cependant, il est essentiel de se rappeler que la résilience n'est pas une caractéristique innée, mais une compétence qui peut être cultivée et renforcée. Voici quelques stratégies pour aider les enfants à développer leur résilience.

Tout d'abord, il est crucial de créer un environnement sûr et aimant pour les enfants. Un enfant qui se sent en sécurité est plus susceptible de prendre des risques et d'explorer son environnement, ce qui est essentiel pour le développement de la résilience. Les parents et les éducateurs peuvent créer un tel environnement en établissant des routines prévisibles, en encourageant l'expression émotionnelle et en fournissant un soutien constant.

Deuxièmement, il est important d'enseigner aux enfants des compétences de résolution de problèmes. Cela peut commencer dès le plus jeune âge, en aidant les enfants à naviguer dans les petits défis de la vie quotidienne. En leur donnant les outils nécessaires pour résoudre les problèmes de manière indépendante, nous leur apprenons à faire face à l'adversité et à rebondir après un échec.

Troisièmement, il est essentiel d'encourager la pensée positive et l'optimisme. Cela ne signifie pas ignorer les difficultés ou minimiser les sentiments négatifs, mais plutôt enseigner aux enfants à voir les défis comme des opportunités d'apprentissage et de croissance. Cela peut être aussi simple que de les aider à reformuler les pensées négatives en affirmations positives, ou de les encourager à trouver le bon côté des situations difficiles.

Enfin, il est crucial de renforcer la résilience des enfants en leur donnant l'occasion de faire face à l'adversité de manière adaptée. Cela peut signifier les laisser naviguer dans des situations sociales difficiles par eux-mêmes, ou leur permettre de faire face aux conséquences de leurs actions. En faisant cela, nous leur enseignons que l'échec n'est pas une fin en soi, mais plutôt une étape sur le chemin du succès.

Élever des enfants résilients est un voyage, pas une destination. Il est important de se rappeler que chaque enfant est unique et que ce qui fonctionne pour un enfant peut ne pas fonctionner pour un autre. Cependant, avec de la patience, de l'amour et une bonne dose de résilience, nous pouvons tous aider nos enfants à développer la résilience dont ils auront besoin pour naviguer dans un monde de plus en plus complexe et incertain.

En tournant la page vers le prochain chapitre, nous allons élargir notre perspective et examiner comment la résilience peut être nourrie et amplifiée au sein de l'ensemble de notre communauté, en jetant les bases d'un futur imprégné de résilience pour chacun d'entre nous.

Résilience et vieillissement

Le vieillissement est un processus naturel qui apporte avec lui des défis uniques. Il peut s'agir de changements physiques, tels que la diminution de la mobilité ou de la santé, ou de changements sociaux, comme la retraite ou la perte de proches. Cependant, avec la résilience, ces défis peuvent être transformés en occasions de croissance et de développement personnel.

La résilience chez les personnes âgées est souvent mise en évidence par leur capacité à s'adapter aux changements et à surmonter les adversités. Prenons par exemple Fauja Singh, un coureur de marathon britannique d'origine indienne. Malgré son âge avancé, il a commencé à courir des marathons à l'âge de 89 ans et a continué jusqu'à l'âge de 101 ans, démontrant une résilience physique et mentale extraordinaire.

Un autre exemple frappant est celui de Carmen Herrera, une artiste cubano-américaine. Malgré des années de méconnaissance et de rejet, elle a continué à peindre, et a finalement été reconnue internationalement pour son travail à l'âge de 89 ans. Sa résilience a prouvé que le succès peut arriver à tout âge.

Ces exemples illustrent que la résilience n'est pas limitée par l'âge. En fait, plusieurs études suggèrent que la résilience peut en réalité augmenter avec l'âge, grâce à une vie de leçons apprises, d'expériences vécues et de sagesse accumulée.

Pour cultiver la résilience chez les personnes âgées, il est important de favoriser l'indépendance, de promouvoir un sentiment de but et de maintenir des relations sociales solides. L'indépendance peut être encouragée en permettant aux personnes âgées de prendre des décisions concernant leur propre vie et leurs soins. Un sentiment de but peut être maintenu en s'engageant dans des activités significatives et enrichissantes. Enfin, les relations sociales peuvent être cultivées par la participation à des activités de groupe, le bénévolat ou la participation à des clubs ou des organisations.

La résilience n'est pas une solution miracle pour les défis du vieillissement, mais elle offre une approche proactive pour faire face à ces défis et vivre une vie pleine et satisfaisante à tout âge. En cultivant la résilience chez les personnes âgées, nous pouvons aider à transformer les défis du vieillissement en opportunités de croissance et de développement personnel.

Dans le prochain chapitre, nous explorerons plus en détail comment la résilience peut être appliquée à différentes facettes de la vie, y compris le travail, la santé mentale et les relations interpersonnelles, et comment elle peut être utilisée pour créer un avenir plus résilient pour nous tous.

La résilience dans le contexte du vieillissement n'est pas une simple capacité à résister à l'adversité, mais aussi une aptitude à embrasser le changement, à apprécier les joies simples de la vie et à maintenir une perspective positive malgré les défis.

Un bel exemple de résilience dans le vieillissement est celui de la centenaire Julia "Hurricane" Hawkins. À l'âge de 100 ans, Hawkins a commencé à participer à des compétitions d'athlétisme et a rapidement gagné en notoriété pour ses performances incroyables. À 101 ans, elle a établi un record du monde dans sa catégorie d'âge pour le 100 mètres, gagnant le surnom de "Hurricane". Malgré les défis physiques du vieillissement, Hawkins a embrassé une nouvelle passion, repoussant les limites de ce qui est considéré comme possible pour son âge.

Son histoire nous enseigne une leçon précieuse : la résilience ne connaît pas de limite d'âge. Elle nous montre qu'il n'est jamais trop tard pour découvrir de nouvelles passions, repousser nos limites et définir nos propres normes de ce qui est possible.

Hawkins a révélé que son secret pour une longue vie résiliente réside dans sa capacité à rester active, à maintenir une attitude positive et à apprécier les petits plaisirs de la vie. Elle a également souligné l'importance de rester curieux et ouvert à de nouvelles expériences, quels que soient son âge ou les défis qu'elle rencontre.

La résilience dans le vieillissement est également liée à la capacité à accepter et à s'adapter aux changements. Cela peut inclure l'acceptation des changements physiques et cognitifs qui accompagnent le vieillissement, l'adaptation à de nouvelles routines ou modes de vie, et la capacité à naviguer dans les pertes et les transitions de la vie, telles que le départ à la retraite, le deuil ou les changements de santé.

Il est également crucial de maintenir des relations sociales solides et un sentiment de communauté. Les liens sociaux peuvent fournir un soutien émotionnel et pratique, contribuant à notre capacité à faire face à l'adversité et à rebondir en période de stress ou de difficulté.

Enfin, la résilience dans le vieillissement implique la capacité à trouver un sens et un but dans la vie, même en face de l'incertitude et du changement. Cela peut impliquer de se consacrer à des activités qui nous apportent de la joie et du satisfaction, de poursuivre des objectifs personnels, ou de contribuer à notre communauté de manière significative.

Dans l'ensemble, le vieillissement résilient est une approche proactive de la vie, où nous choisissons d'embrasser le changement, de maintenir une perspective positive, et de continuer à grandir et à évoluer malgré les défis. Alors que nous naviguons dans les eaux parfois tumultueuses du vieillissement, rappelons-nous de l'exemple de Julia "Hurricane" Hawkins, et de son message inspirant de résilience, de persévérance et de joie de vivre.

En conclusion, la résilience est une compétence précieuse à tout âge. Elle nous permet de naviguer avec succès à travers les défis de la vie, qu'il s'agisse de la perte d'un emploi, d'une maladie, du vieillissement ou même de défis globaux comme une pandémie. En cultivant activement notre résilience, nous pouvons non seulement survivre à ces défis, mais aussi prospérer malgré eux. Pour construire un futur résilient, nous devons tous apprendre à être résilients - à chaque étape de la vie.

Chapitre 7

Le Voyage de la Résilience

Des exercices pratiques pour aider à construire la résilience

La résilience est un voyage, une aventure de développement personnel qui exige de l'engagement, de la patience et de la pratique. Nous pouvons tous renforcer notre capacité à résister aux défis et à nous adapter aux changements. Voici quelques exercices pratiques pour construire la résilience.

1. Cultivez la gratitude : La gratitude est une passerelle vers une perspective positive, un antidote puissant à la négativité. Commencez par tenir un journal de gratitude quotidien. Chaque jour, notez trois choses pour lesquelles vous êtes reconnaissant. Cela peut être un événement spécifique, une personne dans votre vie, ou même quelque chose d'aussi simple que le lever du soleil. Cette pratique peut sembler petite, mais elle a un effet profond sur notre mentalité et notre capacité à voir le bon côté des choses.

2. Pratiquez la méditation de pleine conscience : La pleine conscience est une technique puissante pour rester ancré dans le présent. Elle nous aide à éviter de nous perdre dans les soucis du futur ou les regrets du passé. Commencez par consacrer quelques minutes chaque jour à la méditation de pleine conscience. Asseyez-vous confortablement, fermez les yeux et concentrez-vous sur votre respiration. Laissez vos pensées venir et partir sans jugement, en restant simplement présent avec ce qui est.

3. Faites de l'exercice régulièrement : L'exercice physique n'est pas seulement bon pour notre corps, il est aussi bon pour notre esprit. Il aide à réduire le stress et à améliorer notre humeur, deux facteurs clés pour augmenter la résilience. Que vous aimiez le jogging, le yoga, la danse ou même une promenade quotidienne, trouvez un moyen de bouger votre corps de manière qui vous fait du bien.

4. Tenez un journal : Tenir un journal est un moyen puissant de traiter les émotions et de réfléchir à nos expériences. C'est une pratique qui peut nous aider à clarifier nos pensées, à comprendre nos émotions et à trouver des solutions à nos problèmes. Essayez de prendre quelques minutes chaque jour pour écrire, sans censure ni jugement.

5. Pratiquez l'auto-compassion : L'auto-compassion est le geste d'amour envers soi-même. C'est le fait de se traiter avec gentillesse, de comprendre nos erreurs et de prendre soin de soi en période de stress ou d'échec. Pour pratiquer l'auto-compassion, parlez-vous comme vous parleriez à un ami proche. Soyez doux et encourageant envers vous-même.

6. Adoptez une mentalité de croissance : Une mentalité de croissance est la croyance que nous pouvons toujours apprendre, grandir et nous améliorer. Cette mentalité nous permet de voir les défis comme des opportunités d'apprentissage plutôt que comme des échecs. Pour développer une mentalité de croissance, commencez par changer votre discours intérieur. Au lieu de dire "je ne peux pas faire ça", dites "je ne peux pas faire ça encore".

7. Construisez un réseau de soutien solide : Les relations positives sont un pilier clé de la résilience. Nous avons tous besoin de personnes sur qui compter en période de stress ou de crise. Passez du temps à cultiver des relations de confiance et d'encouragement avec votre famille, vos amis, vos collègues et même des mentors ou des conseillers.

8. Apprenez à gérer le stress : Le stress est inévitable, mais nous pouvons tous apprendre à le gérer plus efficacement. Les techniques de gestion du stress peuvent inclure la respiration profonde, le yoga, la méditation, l'art-thérapie, la thérapie par le mouvement, ou simplement passer du temps dans la nature. Trouvez ce qui fonctionne le mieux pour vous et intégrez-le dans votre routine quotidienne.

9. Développez votre pensée critique : La résilience implique également de pouvoir évaluer objectivement les situations, de comprendre les facteurs en jeu et de prendre des décisions éclairées. Exercer votre esprit à la pensée critique peut vous aider à naviguer dans les complexités de la vie avec plus de sagesse et de discernement.

10. Soyez flexible et adaptez-vous au changement : La vie est pleine de changements et d'imprévus. Plus nous sommes capables de nous adapter et de faire preuve de flexibilité, plus nous sommes résilients. Pratiquez l'adaptabilité en vous mettant volontairement dans de nouvelles situations ou en apprenant de nouvelles compétences.

Toutes ces pratiques sont des outils que vous pouvez utiliser pour construire et renforcer votre résilience. Rappelez-vous, cependant, que la résilience n'est pas une destination, mais un voyage. Il y aura des hauts et des bas, des victoires et des défaites. Mais chaque pas que vous faites sur ce chemin vous rend plus fort, plus sage et plus capable de naviguer dans les défis de la vie.

Chacun de nous a en lui la capacité de devenir plus résilient. Il ne s'agit pas de nier les difficultés ou de prétendre que tout va bien lorsque ce n'est pas le cas. Il s'agit plutôt de reconnaître nos défis, d'apprendre de nos échecs et de trouver des moyens de continuer à avancer, même lorsque les choses sont difficiles.

Le voyage de la résilience est l'un des plus importants que vous puissiez entreprendre. Il vous permettra non seulement de faire face aux défis de la vie, mais aussi de prospérer malgré eux. Alors, commencez aujourd'hui. Commencez maintenant. Et rappelez-vous, vous n'êtes pas seul dans ce voyage. Nous sommes tous ensemble dans cette aventure de la résilience.

Comment surmonter les obstacles
à la résilience

Sur le sentier tortueux qui mène à la résilience, nous nous heurtons inévitablement à des obstacles. Ces épreuves peuvent revêtir de multiples formes, allant des croyances limitantes aux comportements d'évitement, en passant par le stress excessif et l'isolement social. Pourtant, armé de la bonne perspective et des outils appropriés, nous pouvons vaincre ces obstacles. Permettez-moi de vous partager quelques stratégies pour surmonter les embûches sur la voie de la résilience.

1. Identifiez et contestez les croyances limitantes : Tous, nous portons en nous des croyances sur notre propre personne et le monde qui nous entoure, des croyances qui peuvent nous entraver. Vous pourriez par exemple penser que vous n'êtes pas de taille à affronter un défi spécifique, ou que l'échec est votre destinée. Il est crucial de reconnaître ces croyances limitantes et de les remettre en question. Je vous invite à les consigner par écrit, puis à rédiger un contre-argument pour chacune d'elles. Ainsi, si vous pensez ne pas être assez fort pour affronter un défi, vous pourriez écrire : "J'ai déjà surmonté nombre de défis par le passé et j'ai acquis des compétences et des ressources qui me permettront de relever celui-ci".

2. Échappez à l'évitement : L'évitement est un mécanisme de défense que nous utilisons souvent pour nous sortir de situations difficiles ou inconfortables. Cependant, loin de résoudre nos problèmes, l'évitement ne fait que prolonger notre souffrance et nous empêche de développer notre résilience. Essayez d'identifier les situations ou les émotions que vous évitez, puis prenez des mesures, aussi petites soient-elles, pour les affronter. Par exemple, si vous évitez une conversation difficile avec un proche, vous pourriez commencer par réfléchir à ce que vous voulez dire et à la meilleure façon de le dire.

3. Apprenez à gérer le stress : Le stress excessif peut nous rendre plus vulnérables face aux difficultés et affaiblir notre capacité à être résilients. Il est donc primordial de trouver des moyens de gérer le stress. Cela peut passer par la pratique de la méditation, l'activité physique, le partage avec des proches, voire le recours à un professionnel de la santé mentale.

4. Entretenez votre réseau de soutien social : Le soutien social joue un rôle crucial dans le développement de la résilience. Efforcez-vous de vous entourer de personnes qui vous soutiennent et vous encouragent. Si vous vous sentez isolé, sachez qu'il existe de nombreuses ressources en ligne et des groupes de soutien qui peuvent vous aider.

Surmonter les obstacles à la résilience peut être un processus ardu, mais il est une étape indispensable de notre cheminement. Souvenez-vous que chaque obstacle représente une occasion de croissance et de renforcement de votre résilience. Avec le temps, la patience et la persévérance, vous pouvez surmonter ces obstacles et continuer à avancer sur votre chemin de résilience.

La vie est pleine d'incertitudes et de défis. Nous ne pouvons pas toujours contrôler les situations qui se présentent à nous, mais nous pouvons contrôler notre réaction à ces situations. Les croyances limitantes, l'évitement, le stress excessif et l'isolement social sont tous des obstacles que nous pouvons rencontrer sur le chemin de la résilience. Cependant, en adoptant une perspective positive, en développant des compétences de gestion du stress, en cultivant des relations de soutien et en défiant nos croyances limitantes, nous pouvons renforcer notre résilience et être mieux préparés à faire face aux défis de la vie.

Il est important de comprendre que le développement de la résilience n'est pas un processus linéaire. Il y aura des moments où nous nous sentirons plus résilients, et d'autres où nous nous sentirons moins capables de faire face aux défis. C'est normal et c'est une partie naturelle du processus. Il est important de se rappeler que la résilience n'est pas une destination, mais un voyage. Et même si ce voyage peut être difficile, chaque pas que nous faisons nous rend plus forts et plus capables de faire face aux défis de la vie. La résilience ne signifie pas que nous ne ressentirons pas de douleur ou de détresse face à l'adversité. Au contraire, elle nous permet de faire face à ces sentiments, de les accepter et de continuer à avancer malgré eux. En fin de compte, la résilience nous permet de vivre une vie plus riche et plus épanouissante, pleine de défis, de croissance et de réalisation.

Le voyage vers la résilience peut être long et difficile, mais il est également incroyablement gratifiant. Chaque obstacle que nous surmontons, chaque défi que nous relevons, chaque fois que nous nous relevons après une chute, nous devenons plus forts, plus sages et plus résilients. Alors, quelle que soit la difficulté de votre voyage, je vous encourage à continuer à avancer. Continuez à apprendre, continuez à grandir, continuez à vous battre. Vous êtes plus fort que vous ne le pensez, et vous êtes capable de beaucoup plus que vous ne l'imaginez. Alors continuez à avancer, continuez à grandir, continuez à briller. Votre voyage vers la résilience ne fait que commencer.

Des conseils pour maintenir la résilience à long terme

Soutenir la résilience sur le long terme requiert un engagement résolu à l'égard de l'apprentissage et du développement personnel. La résilience n'est pas une capacité statique, mais un processus dynamique qui nécessite un entretien constant et une volonté de s'adapter et de grandir. Voici quelques conseils qui peuvent vous aider à maintenir et à renforcer votre résilience tout au long de votre vie :

1. Nourrissez une perspective positive : Il a été démontré par de nombreuses études que l'optimisme et une vision positive de l'avenir sont fortement liés à une plus grande résilience. Essayez d'adopter une attitude positive envers la vie, même lorsque vous êtes confronté à des défis ou à des adversités. Cela ne signifie pas que vous devez ignorer les problèmes ou les difficultés, mais plutôt que vous devriez chercher des occasions de croissance et d'apprentissage dans chaque situation. En vous concentrant sur le positif, vous pouvez vous aider à surmonter les défis et à maintenir votre résilience.

2. Pratiquez l'auto-compassion : Soyez doux avec vous-même lors des moments de stress ou de difficulté. L'auto-compassion signifie vous traiter avec la même gentillesse et compréhension que vous le feriez pour un ami en difficulté. Cela peut vous aider à gérer le stress et à maintenir votre résilience à long terme. N'oubliez pas que vous êtes humain et que vous méritez la compassion, surtout lors des moments difficiles.

3. Prenez soin de votre santé physique : Le bien-être physique est étroitement lié à la résilience. Faire de l'exercice régulièrement, manger une alimentation équilibrée et obtenir suffisamment de sommeil sont autant de moyens pour renforcer votre résilience. Ces habitudes peuvent non seulement vous aider à gérer le stress, mais aussi à améliorer votre humeur et à augmenter votre énergie, ce qui peut vous aider à faire face aux défis avec une plus grande résilience.

4. Continuez à apprendre et à grandir : La résilience est un processus dynamique qui nécessite un apprentissage et une croissance continus. Recherchez constamment des opportunités d'apprendre de nouvelles compétences, de vous défier et de sortir de votre zone de confort. Chaque nouvelle expérience est une occasion d'apprendre et de grandir, ce qui peut vous aider à renforcer votre résilience.

5. Entourez-vous de soutien : Le soutien social est crucial pour maintenir la résilience.

Entourez-vous de personnes qui vous soutiennent et vous encouragent. Cherchez des mentors ou des conseillers qui peuvent vous guider et vous inspirer. Ne sous-estimez jamais le pouvoir d'une bonne conversation ou d'un encouragement sincère pour vous aider à surmonter les défis et à renforcer votre résilience.

6. Pratiquez la gratitude : La recherche a montré que la gratitude peut améliorer le bien-être mental et physique et augmenter la résilience. Essayez de tenir un journal de gratitude, en notant chaque jour trois choses pour lesquelles vous êtes reconnaissant. Cela peut vous aider à vous concentrer sur le positif et à apprécier les bonnes choses de votre vie, ce qui peut à son tour renforcer votre résilience.

De ce fait, maintenir la résilience à long terme nécessite un engagement envers soi-même et un désir de continuer à apprendre et à grandir. En cultivant des attitudes positives, en prenant soin de soi, en cherchant du soutien et en restant ouvert à de nouvelles expériences et apprentissages, vous pouvez renforcer et maintenir votre résilience tout au long de votre vie.

La résilience peut être comparée à la navigation d'un navire dans des eaux inconnues. Il y aura des moments de calme où le vent sera à votre dos, propulsant votre voilier avec facilité.

D'autres fois, vous rencontrerez des tempêtes violentes, des vagues gigantesques et des vents contraires. Parfois, vous aurez l'impression de naviguer rapidement vers votre destination, et à d'autres moments, vous aurez l'impression de stagner, voire de dériver dans la mauvaise direction. Cependant, n'oubliez pas que chaque coup de rame, chaque manœuvre que vous faites, même dans le tumulte, vous rapproche de votre but. Chaque tempête que vous traversez, chaque vague que vous surmontez, chaque fois que vous redressez le cap après avoir été dévié, vous renforcez votre résilience. Alors continuez à naviguer, continuez à apprendre, continuez à briller même dans l'obscurité. Vous êtes plus courageux que vous ne le croyez et capable de naviguer dans des eaux bien plus difficiles que vous ne l'imaginez.

Conclusion

Réflexions finales : le pouvoir de la résilience dans nos vies

Si vous vous tenez devant une mer en furie, ressentez la puissance des vagues déferlantes, entendez le rugissement des eaux en tumulte, vous êtes en présence d'une force indomptable de la nature. La résilience, dans nos vies, est comme cette mer en furie. C'est une force puissante, une énergie qui nous propulse à travers les tempêtes de la vie. Elle n'est pas facile à maîtriser, mais une fois apprivoisée, elle devient un allié indomptable, guidant notre bateau à travers les eaux les plus difficiles.

La résilience, c'est le courage de confronter la tempête, de plonger dans les vagues déchaînées, de faire face à l'incertitude avec détermination. C'est la capacité de se tenir debout, même lorsque le sol se dérobe sous nos pieds, de trouver un moyen de continuer à avancer, même lorsque le chemin est semé d'embûches. C'est la capacité de se redresser après une chute, de ramasser les morceaux après un échec, de trouver de l'espoir même dans les moments les plus sombres.

Mais la résilience n'est pas seulement une force personnelle. C'est aussi une force collective, une force communautaire. Lorsque nous faisons preuve de résilience, nous inspirons les autres à faire de même. Nous créons des ondulations de courage et de détermination qui se répandent à travers notre communauté, notre société, notre monde. Nous montrons aux autres qu'il est possible de surmonter les défis, qu'il est possible de se relever après une chute, qu'il est possible de trouver de l'espoir même dans les moments les plus sombres.

La résilience est un superpouvoir. Elle nous donne la capacité de nous adapter, de persévérer, de surmonter. Elle nous donne la capacité de transformer nos épreuves en opportunités, nos défis en triomphes, nos peurs en forces. Elle nous donne la capacité de vivre une vie pleine de sens, de but et de joie, même face à l'adversité.

Et le plus beau, c'est que ce superpouvoir est en chacun de nous. Il n'est pas réservé à quelques élus. Il est à notre portée, attendant d'être découvert, cultivé et libéré. Alors, ne sous-estimez jamais votre capacité à être résilient. Ne sous-estimez jamais le pouvoir de la résilience dans votre vie.

Message inspirant pour encourager les lecteurs à cultiver leur résilience

Chers lecteurs, vous voilà arrivés au terme de ce voyage à travers le paysage de la résilience. J'espère que vous avez trouvé des idées, des outils et des perspectives qui vous aideront à naviguer avec plus de confiance et de courage à travers les défis de la vie. Mais avant de fermer ce livre, permettez-moi de vous laisser avec un dernier message.

Cultivez votre résilience. Cultivez-la comme un jardinier qui nourrit ses plantes avec amour et soin. Cultivez
-la avec patience, persévérance et passion. Car la résilience n'est pas un trait que l'on possède ou non. C'est une compétence que l'on peut développer, un muscle que l'on peut renforcer, une semence que l'on peut faire germer et grandir.

Il y aura des moments où vous vous sentirez fatigué, épuisé, prêt à abandonner. Il y aura des moments où vous vous demanderez si vous êtes assez fort, assez courageux, assez résilient. Et dans ces moments, rappelez-vous ceci : vous êtes plus fort que vous ne le pensez. Vous êtes plus courageux que vous ne le croyez. Vous êtes plus résilient que vous ne l'imaginez.

Rappelez-vous que chaque défi est une occasion de croissance. Chaque échec est une leçon. Chaque adversité est une invitation à devenir la meilleure version de vous-même. Et chaque pas que vous faites sur le chemin de la résilience, aussi petit soit-il, est une victoire.

Alors, continuez à avancer. Continuez à apprendre. Continuez à grandir. Continuez à briller. Car vous êtes un phare de résilience, illuminant le chemin pour vous-même et pour les autres. Vous êtes un héros de votre propre histoire, un maître de votre propre destin. Et je crois en vous. Je crois en votre force, en votre courage, en votre résilience.

Alors, chers lecteurs, en vous quittant, je vous encourage à embrasser votre résilience. À la chérir, à la célébrer, à la partager. Et à chaque fois que vous vous sentirez perdu ou désemparé, rappelez-vous ceci : la résilience est votre super-pouvoir. Et avec ce superpouvoir, vous pouvez faire face à n'importe quel défi, surmonter n'importe quel obstacle, atteindre n'importe quel sommet.

Allez donc, avec courage et confiance, et vivez votre vie résiliente.

www.ingramcontent.com/pod-product-compliance
Lightning Source LLC
Chambersburg PA
CBHW031407250726
48656CB00002B/576